不届きものの前口上

ああ、今日あたり、どこか遠くへ行きたいなぁ――。

朝の寝床の中で、ふとそんな思いが頭をよぎることがある。なんの前触れもなく、どこ、という目的地もない。もっと言ったら、何を見たい、ということでもない。予定も計画も、目論見も、あわい希望もない。ただ、出かけてみたい。

ちょうど、明日から時間がとれる、そんな日なら、用事をすませ次第出発という、その段取りだけ決めてしまいたい。

決心がつけば出発するのみ。まず、空港に行くという手がある。着いてみてから、行き先を決める。前後があべこべだけれど、なかなかのスリルがある。

これを鉄道のターミナル駅に置き換えると、選択肢は飛躍的に増える。

たとえば在来線の路線図を眺める。すると、乗ったことのない路線、区間、下車したことのない駅が次々に見つかる。海辺の町、山間の里、温泉のわく土地……。

駅前の食堂で夕食をすませ、飲み屋街を探して少し飲み、宿では湯を浴びた後でもう一杯やりながら、窓から月を見上げる。

何も見なくてもいい。誰に会わなくてもいい。ただ、ぼんやり、のんびり。そうして、翌朝、おいしい朝飯を腹いっぱい食べたら、町をぶらぶら歩き、昼に土地のおいしいものでもう一杯いただく。昼下がり、軽く眠くなるころ、また電車に乗って帰る。金も時間もあまりかからない。けれど、なんというか、とても贅沢な気分になれる、日常の中のひと休みだ。

旅をしては酒を飲み、その顛末をつらつら書いて飯の種にする。私は、けっこう長いこと、そういう不届きを半ば生業にしてきたものですが、今回は、少しばかり大きな仕掛けで、この、なんとも不届きで、贅沢で、そして、痛快な飲み食い紀行を目論見ました。

ちょっと、覗いてみてやってくださいませ。

目次

こだま号で酒場紀行

東京〜静岡

愛知～滋賀

京都～兵庫

コラム

もっと！こだま酒場紀行

こだま号で
酒場紀行

・本書の内容は、取材時のものです。
・「ひととき」掲載月号および取材年月は、各項の文末に記載しています。
・掲載されたお店の情報は、二〇一七年十月時点で確認したものです。お出かけの際は、改めてご確認ください。

東京～静岡

東京　品川　新横浜　小田原　熱海　三島　新富士　静岡　掛川　浜松

夏なれど菊正宗の燗二合

ふくべ〔東京駅〕

東京駅八重洲北口より徒歩5分
東京都中央区八重洲1-4-5
☎03(3271)6065、03(3271)9748
時16時30分〜23時
(土曜は22時まで。L.Oは閉店の45分前)
休日曜・祝日、第2・4土曜

東海道・山陽新幹線に「こだま号」という列車があります。これは、各駅に停車する。その各駅で下車をして、酒場を探してみたらどうだろう。

そういう企画が持ち上がったのが、三年半ほど前のことで、はて、「こだま号」は何駅に停車するのか調べてみて、軽くめまいがした。

始発の東京駅から博多駅まで、始発と終点を含めて三十五の駅がある。

まあ、三十五駅くらいはわけないか。そう思わないでもないが、その距離を考えると、やはり、クラっとくる。けれども、実におもしろそうでもある。なんとなれば、路線図を眺めればそこにはすぐに、下車したことのない駅を見つけることになるからだ。

その駅で下車したことがない。ということは、その街を知らないということであり、

ふくべ〔東京駅〕

どんな酒場があるか、どんな酒と肴でもてなすのか、まるで知らないということ。休肝日なしで酒場を巡る私のような者でも、知らない街の知らない酒場には、常に興味がある。

そこで、「こだま号」で酒場を巡る連載企画をスタートした。新幹線のグリーン車搭載誌「ひととき」に連載した、「こだま酒場紀行」がそれである。

ルールは簡単。ひとまずは各駅で下りてみて、店を探す。基準としては、駅からのアクセスが容易であること、くらいのもので、店の選択は、著者である私に、基本的に任せてもらった。

ということで、ここから始まる旅の記録は、ただ酒場を巡っただけの紀行なのですが、できるだけ、その土地のうまさを伝えようとしたものでもあります。

ではさっそく、東京駅から始めてみましょうか。

東京駅近くで一杯やるなら迷うことなし。ずばり「ふくべ」で決まりでしょう。八重洲北口からほど近く、再開発の進むエリアに隣り合わせるこの店は、創業七十五年の老舗だ。現在は二代目のご主人夫婦と、調理場をあずかるスタッフで切り盛りする。

カウンター席につくと、箸とお通しの小鉢をのせた盆が運ばれてくる。小瓶のビールがあるのも、老舗らしい配慮。一本頼む。

「たらこ、焼いてください。それから『菊正宗』。燗してください」

長年にわたって酒を沁みこませ、角もすっかり取れた枡《ます》に、ご主人が四斗樽から酒を取る。徳利にさしこむ漏斗《じょうご》は燕三条《つばめさんじょう》の職人の手になる逸品。枡で量った一合を注ぎ込む。燗をつければ酒が膨張することを織り込んで、この店の徳利は一合と一勺入る。正直こそ商売の基本という老舗の信条を見る思いだ。

お通しの昆布の佃煮で小瓶のビールを空にするまさにその頃合いで、ほどよい加減の燗酒が出てきた。樽酒に特有の香りは舌だけでなく鼻腔にも爽快なおいしさを届ける。

そろえる酒は清酒のみで、全国から集めた四十一銘柄。どの酒も一合五五〇円から六五〇円と売価を抑えているので、酒三合に酒肴二品程度を楽しんで三〇〇〇円でお釣りがくるほど安い。私は何度かこの店の縄のれんを潜っているが、帰る時いつも、あぁ安くてうまいな、とありがたく思う。

顧客は丸の内、八重洲、日本橋界隈にお勤めの人が多いと想像されるが、最近では、リタイア後に嘱託で週三日だけ出勤しているOBや、地方都市からの出張組も少なくないようだ。ご主人が言う。

ふくべ〔東京駅〕

「出張で東京に来て、仕事を終えてから帰りの新幹線に乗るまでの間に寄ってくださるお客さまがいらっしゃいます」

　なにしろ新幹線の日本橋口なら五分とかからない。発車十五分前に会計すれば余裕で間に合う。

　「ふくべ」のカウンターで開店から小一時間ほどを過ごし、ふわりと酔って新幹線に乗る。この季節ならそれからさらに一時間を経て、列車が静岡県内を走るころ、西の空が暮れ色に染まる按配だ。

「四斗って、どれくらいの量なの」

　カウンターのいちばん奥の席で、品のいい初老の父母と美しい娘さんが三人で楽しそうに飲みつつ、目の前の「菊正宗」の樽を見上げている。ご主人が、背にしている棚に並ぶ一升瓶を指差しながら言う。

「これが四十本」

この四斗樽が、五〜六日で空になるという。

いいですね、この樽。娘さんが言うと、お譲りできますよ、とご主人が答える。話はトントン拍子。今度、この樽が空いたら宅配業者に頼んで送りましょう。では、この住所まで、と、傍で聞いている私のようなひとり客をも喜ばせる話になった。

こんなおいしい話も老舗ならではの酒肴のひとつだが、ここで飲むならせっかくだから、名物のくさやをいただきたい。

匂いはきついが味は格別。清酒に合うこと間違いなし。新島《にいじま》産の青ムロアジのくさやは、お代わりをするお客さんもいる人気の肴だ。

塩ラッキョウで口中を更新しながらのひとり酒はすいすい進んだ。にわかに去りがたし。東京のど真ん中で、旅情を味わうひとときである。

（二〇一四年八月号）

ひとり飲む列車待つ間の暑気払い

三平　中華酒場〔品川駅〕

品川駅港南口より徒歩3分
東京都港区港南2-6-10
☎03(3471)1716
時11時30分〜23時30分
(土曜は13時〜22時)
休日曜・祝日

東京都下に生まれ住んだ私にとって、品川駅は長い間、東海道線や横須賀線を利用するときの山手線からの乗り換え駅であり、京浜急行線の始発駅だった。

そのせいか、通りすぎることはしばしばなのに、付近の街をぶらぶらしたことは少ない。長じてから営業の仕事で都内を走り回っていた折りも、山手線における両隣駅の大崎や田町界隈へは行っても、品川駅周辺を歩いた記憶はあまりないのである。

けれど、現在の品川のイメージはオフィス街だ。特に港南口が変わった。街の大規模な再開発で真新しいオフィスビルやホテルが建ち並び、その変わりようにはただ驚くばかりで、昔の光景をにわかに思い出せない。

それほどに、真新しいオフィス街のイメージが強い品川駅だが、港南口を出てすぐのところに、懐かしい面影を残す一角がある。

やきとり、もつ焼き、立ち食いそばなど、昭和を感じさせる佇まいの店々がすぐに見つかる。

中でも、中華酒場「三平《さんぺい》」が素晴らしい。

創業は昭和二十五年というから筆者の十三年先輩。ということは、今年で六十四歳になる酒場である。

入り口の右手はテーブル席、左手には座敷。個室も含めて総数で七十席の広々とした店なので、ひとりで初めて入るにも、気兼ねは無用だ。

夏の夕刻。まずは生ビールを一杯いただこう。前菜のメニューからピータンを選ぶ。清潔で広々とした店内のテーブル席にゆったりと場所をとり、喉を鳴らして飲む最初のひと口は、いつにも増して格別である。

品川は江戸の昔、東海道の最初の宿場として、たいそう栄えた場所だったという。江戸から上方へ出かける人々は最初の宿駅である品川を通過する時点でまだたっぷりの路銀（旅費）を持っている。

それを目当てにした宿場町の商売が繁盛したのは道理というもの。飲めば気が大きくなる旅人の中には、品川宿で散財した挙句に江戸へ引き返した者もあると、『志ん朝

三平　中華酒場〔品川駅〕

の落語I』（ちくま文庫）所収の「品川心中」は伝えている。

平成の今、品川界隈で有り金を使い切る旅人はいまい。それでも、長旅の前にちょいと一杯やりたいという気分は、江戸の昔と変わらないかもしれない。

ピータンに箸をつけながら、通行手形、いやいや新幹線のチケットを確認すれば、発車時刻までまだ小一時間ある。

では、壁の貼り紙がすすめる創業以来の味というホルモン炒めと揚げ餃子を注文しよう。酒はレモンサワーかホッピーか。

メニューを見れば、中華酒場であるから当然だけれど、紹興酒やザラメも置いているではないか。寒い季節に再訪し、温かい紹興酒で暖をとるというのもまた、楽しそうだ。

ちなみに、前菜には焼き豚やクラゲ酢なども用意されている。だから、しっかり食べるつもりでなくても、前菜の二品くらい軽くつまんで飲み、さっと席を立ってもいい。

おもしろいのは、この酒場の献立がいわば和中折衷になっていることだ。中華のみならず、刺身、ぬた、〆サバなども出す。もちろん、焼酎、清酒が飲める。

清酒においては、「八海山」「菊水」「栄川」「一ノ蔵」「浦霞」といった新潟、福島、宮城などの酒に加えて、東京の銘酒、「澤乃井」を押さえているあたり、心憎い。さっと席を立つどころか、腰を落ちつけて飲むにも適している。

もっと時間が許すときなら、昔の東海道の品川宿のあったあたりもおすすめだ。現在の京浜急行線北品川駅界隈。ＪＲの品川からはひと駅である。

踏み切りを渡った先に、そう言われなければわからないくらいさりげなく旧東海道が走っていて、その先はもう、運河である。船宿があり、桟橋に屋形船の姿も見える。この界隈まで足を延ばしての時間つぶしも格別の風情があろう。

さて、目線を「三平」に戻そう。

近くの席から聞こえてくる声に、関西のイントネーションが混じっていることに、ふと気付く。以前、この界隈のやきとり屋さんでも同じことがあった。品川が、東西を

三平　中華酒場〔品川駅〕

往来する人々の憩いの場になっていることの証しと言うべきか。

列車の時刻が迫っていよいよ締めの一品だ。豚肉、エビ、うずらの卵、竹の子、青《ちん》梗菜《げんさい》、椎茸などなど、たっぷりの具材を用いたあんかけ焼きそばを頼んだが、これがまた実にうまい。

焼き麺と揚げ麺があって後者を選んだが、ホッピーによく合うのだ。

ああ、もう少し飲んでいたい……。

路銀に余裕もあるからナ……。思わず一時間ほど後の列車に変更したくなる、そんな酒場なのだった。


（二〇一四年九月号）

干しうおに河豚を夢見る初秋かな

割烹　万田作造〔新横浜駅〕

新横浜駅新幹線のりば西口より徒歩5分
神奈川県横浜市港北区新横浜2-7-17 KAKIYAビルB1F
☎045(476)5550
㊐12時〜13時、17時30分〜22時（LOは21時30分、土曜は夜のみ）
㊡日曜・祝日

関西からの出張の帰りに、新横浜で飲みたくなることがたまにある。ただし、横浜というと、野毛や中華街、元町方面のほうがなじみが深く、新横浜となると、とんと詳しくはない。

一見して真新しいばかりに見える駅も、実はけっこうな歴史がある。なにしろ東海道新幹線の開業は昭和三十九年の秋。前回の東京オリンピックの開会の十日前のことだったわけだから、すでに五十年の歳月が流れている。ちなみに、私はその前年の生まれだから、新横浜駅も私も、半世紀を経た、そこそこのベテランの年齢といえる。

それを裏付けるかのように、駅前ビルのひとつにも、思いきり昭和な印象の建物が

割烹　万田作造〔新横浜駅〕

残っている。

立ち飲みあり、寿司屋あり、串カツあり——。

篠原口を出てすぐのビルの一階だが、電車の乗り換えの間に立ち寄るのは大きな楽しみだ。一方の北口なら、新横浜プリンスホテル。すばらしい展望を楽しめるラウンジバーから、夜景を見つつ一、二杯飲むという手もある。

また、バーでゆっくりやると決めている日であるならば、新横浜界隈で探すのも興味深いけれど、大倉山までタクシーで乗り付けてもいい。駅近くに「グローリー」という名店がある。

このように、飲兵衛というものは帰宅途中にもう一杯、と思うだけでも軽く悩むことになるのだが、おいしい魚介で日本酒をという考えならば、駅から歩いて五分ほどの「万田作造《まんださくぞう》」という割烹が見逃せない。

初めて訪れたのは盛夏のことだった。

新幹線西口から出て、歩行者用のデッキで大通りを渡り、地上へ下りる。道を渡ったところの交差点名が新横浜駅前。そのままワンブロック直進したあたり、さてと、と、見当をつけにかかる。

難しいのだ。いい店にぶち当たるのは運としか言いようがないかもしれない。けれど、そこが、よく知らぬ街を歩くときの、楽しみでもある。

いい魚介が出そうなところ……。そんな目線で探す。うまい魚介があれば、酒もそろっていると、勝手に想像する。

こうして、ふらりと入ったのが、ビルの地下にある割烹だった。

開店直後、店はまだ空いている。お通しには、シッタカが出た。

小さな巻貝で、九州などではニナと呼ばれるのもこの一種だろうか。私はとにかくこれが好きで、単に塩茹でしただけでもいいし、いったん酒、醤油、みりん、砂糖などで煮てからよく冷やしてあったりするのも好物である。この店のシッタカは後者であって、暑い季節、一杯目の生ビールには、なにしろよく合うのである。

いきなり好物が出ると調子に乗るのは子供のころから変わらぬ私の性分だ。もはや

割烹 万田作造〔新横浜駅〕

死んでも治らない気がするが、品書きを見て、そこに、〆サバと一夜干しを発見したのだから、にんまりと笑ってしまう。

最近、寿司屋や割烹で酒を飲むとき、刺身よりも、酢締め、塩焼き、一夜干しに目が吸い寄せられる。半日干したヤナギガレイの炙りを冷や酒の肴にするのは最高だし、イカなども、刺身はもちろんうまいがゲソの塩焼の熱々のところを齧《かじ》りながら辛目の酒を燗で飲んだりするのが、妙に気に入っている。

この店の焼き物メニューには、いずれも自家製の一夜干しとして、甘ダイ、ヤナギガレイ、シシャモ、キンキ、ノドグロ、キンメダイなどなど、季節に応じて、旬の肴の干し物が用意されているのである。

頼んだのは、〆サバとカマスの一夜干しである。ちなみにカマスは、ヤナギガレイ、アユと並んで、私の一夜干しランキングの上位の定番であり、〆サバはコハダと並んで、やはり酢締め系酒肴の最上位に位置づけられる。まあ、これは、あくまでも個人的な好みのお話ではありますが。

さて、酒をどうしよう。品書きには、「越乃影虎」「八海山」「〆張鶴《しめはりづる》」などの新潟の酒が並ぶ。聞けば、この季節、原酒があるということで、「八海山」の原酒をいただく。これが、よく香る酒で、ホヤの塩辛なんか欲しくなる（実際この店の品書きにあったのです）のだが、ちょうどそこへ供された〆サバが申し分なしのおいしさなのだった。たちまちにしてホヤのことは忘れ、これはうまいねえと締め加減も抜群のサバに見とれつつ、冷やの最初の一杯があっという間に空になる。

次は山形の「秀鳳」。初めて飲む銘柄だが、これがまた秀逸。カマスの一夜干しを肴に至福のひとときが始まった。十月からはフグもあるという。白子焼きと燗酒を楽しみに、秋深まるころ、また訪れたいと思う。

（二〇一四年十月号）

城下町えび天香るそば屋酒

そば処　橋本〔小田原駅〕

小田原駅東口より徒歩5分
神奈川県小田原市栄町1-13-37
☎0465(22)5541
時11時〜19時(水・日曜・祝日は18時まで)
休無休(年2回臨時休業あり)

小田原で下車して一杯やるとなると、少し悩むのはいつものことだ。なにしろ、小田原港が近いのである。東海道線に乗り換えて熱海方面へひと駅。小田原駅から漁港までタクシーを奮発しても、料金は一〇〇〇円を少し超えるくらい。けっして遠くないのである。

そこに、相模湾で獲れたばかりの魚介を味わえる食堂がある。漁港の食堂が新幹線の駅から近いということは、実はたいへんな好運ともいえそうだ。

漁港まで足を延ばさなくても、駅前からまっすぐ海を目指し、西湘バイパスの手前まで行けば、蒲鉾の老舗の本店がある。その店先を冷やかすのもいいし、そちらまで出向いたならば忘れてはならないのは、カツオ節の名店、籠常《かごつね》商店さんだろう。

有名なお店だからご存知の諸兄姉も多いことでしょうけれど、ここへ寄ると、つい、本節を買いたくなる。実際に、こちらの店頭で相談に乗ってもらいながら、これまでに二、三本のカツオ節を買ったことがあり、それらは都心の名店で手に入れるものに比べて格安であり、購入後からしばらくの朝の食卓を賑わせてくれたものである。

ちなみに、削りたてを刻みねぎと混ぜ、そこに、すりおろしたワサビを加えて醤油をたらり。これを熱々の飯にのせるだけで、私の場合、何日も飽きない。

北海道に本店のある寿司屋の板長から教わった食べ方で、ワサビは、可能であれば北海道産の山《やま》ワサビがいい。

話がだいぶそれてしまったけれど、小田原で下車するならば、城下町の風情を楽しみながら、老舗のウナギ屋やそば屋を目指すというのも捨てがたい。

ひとまず小田原城を目指す。小田原駅東口からロータリーへ出て、土産物屋の店先を覗きながら錦通り入り口の交差点を右に入って、お城の堀を目指す。

通りの入り口に、懐かしい感じの喫茶店があり、隣は時計屋さんである。万事につけてチェーン店ばかりの駅前風景に慣れ切った目には、そんな一角も新鮮に見える。

栄町の交差点をさらにまっすぐ。このまま行くと、もうワンブロックで堀端に出るというとき、道の左手に渋い二階家を見つけた。

そば処 橋本〔小田原駅〕

そば屋さんである。店舗二階に掲げられた看板のひとつには、「そば処 小田原 橋本」という屋号の横に創業百五十年と書かれていた。いい店が見つかった。早くも期待が膨らんでくる。

訪ねた時刻は午後三時過ぎだった。昼・夕の食事時のちょうど中間だったから、奥の四人掛けのテーブル席でゆっくりすることができた。

まずはビール。お通しにはヒジキの煮付けが出てきた。これは好物、幸先がいいというものだ。つまみは何がよいかと品書きを見れば、アジがいろいろ楽しめるようである。たたきだけではなく、味噌やねぎ、ショウガ、日本酒などと一緒にたたいたナメロウがあり、それを飯にのせて茶漬けにする「まご茶漬け」、さらには「鯵《あじ》丼」という一品もある。

この丼などはミニ丼とそばのセットにもできて甚だ魅力的なのだが、ビールの後に燗酒を飲みたいと思い始めたところだったので、ここはごくノーマルにたたきを頼む。そして、たたきが運ばれてくる頃合いを見計らって燗酒も注文した。両者がそろう絶妙なタイミングに思わずにやけながら、アジを少し、そして、日本酒を少し。うまい。文句ない。

たたきで日本酒の徳利を二本いただく。このあたりで、そばもほしくなってくる。

そこで頼んだのが、「桜えび天ざる」。店の看板には百五十年とあったが、ご主人に伺ったらそろそろ百七十年の歴史があるというこのお店。そば粉は北海道、カツオ節のカツオは土佐、海苔は浜名湖、桜えびやシラスは静岡県の由比から取り寄せているという。その、選びに選んだ食材を用いて供される「桜えび天ざる」の天ぷらをパリパリと齧《かじ》れば、口と鼻腔に広がる風味は格別で、生の海苔をのせてから絶妙なつけ汁にさっとつけて食べるそばがまた、香り豊かで味わい深い。

そばをささっとたぐってしまってから、熱いそば湯を待つのだが、そのタイミングでもう一本、徳利を頼むことにする。そう、桜えびたっぷりの大振りなかき揚げはまだ、半分残してあるのだ。これを齧り、そば湯を足し

そば処 橋本〔小田原駅〕

た汁をすする。この組み合わせが、燗酒に合わないわけがない。

パリパリ、ズルズル、それからツツーッ。ちなみに最後のツツーッは酒を飲む擬音だ。

パリパリ、ズルズル、ツツーッ。これを無言で繰り返すひととき、ちょうど静かな時間帯にさしかかっている店の中で、ひとり幸福感に酔うのである。

ああ、小田原で下車してよかったなあ。そう思えばなお酒がうまい。

（二〇一四年十一月号）

湯浴みして酒めぐる秋天の虹

おやじの蔵〔熱海駅〕

熱海駅より徒歩約12分
静岡県熱海市渚町7-1
☎0557(85)6330
時11時30分～14時(LO13時30分、昼は土・日曜のみ※4人以上で要予約)、17時30分～22時頃
休木曜

馴染みは深いのに、あまり下りたことのない駅のひとつが熱海である。西湘《せいしょう》から湯河原、箱根、伊豆界隈あたりをめぐるドライブ旅の途中に立ち寄ることはあっても、それはもっぱら、ロードサイドばかりであって、ゆっくり街中を散策したとなると、実はあまり経験がない。けれども熱海は美味なる地物の魚介に恵まれた湯の街であり、相模湾を見下ろす風光明媚の土地でもある。よく知らないだけで、一度訪ねたら癖になりそうな名所名店がきっと見つかるはずだ。

かくなるうえは、あの方に街の教えを乞うに限るとお尋ねしたのが、マイク・モラスキー（愛称モラ）さんだ。モラさんは米国セントルイス出身の研究者で、日本文学の専門家であり、日本文化に精通した粋人であり、ジャズマンにして、なにより、酒場

おやじの蔵〔熱海駅〕

の目利きである。豆腐を肴に冷や酒を飲み、ときにべらんめえ口調で語る。

秋の某日の昼下がり。旅先の用事を午前中で片付けた私は、モラさんと落ち合った。まずは、絶品の刺身定食からはじめよう。モラさんのプランに最初からのっかる形で後に従う。

駅近くの食堂で、揚がったばかりの魚の刺身をいただき、ビールからはじめることとする。ビールのコップに口をつけながら見回すと、ちょうど昼時ということもあって、店は混んでいる。私のようなイチゲンはいないようだが、週末ともなれば、観光客の姿も増えることだろう。

刺身のほかに、うまい漬物とたっぷりの味噌汁、それから魚のすり身のメンチカツが出てきて、いずれもたいへんうまい。これらをおかずにして、たっぷりの飯を掻き込むのである。

どうです？　うまいでしょ？　と笑いかけるモラさんに、ただ、うんうんと頷きながら、どちらかといえば食の細い私も貪るように食べた。

腹ができたら、風呂に入ろう。湯の街のことゆえ、日帰り湯には事欠かない。

親水公園の近くにある旅館やホテルなどでも、日帰り入浴に対応している。これは、クルマでの移動のときなどにもチェックしていたから何軒か候補を知っているし、同じ熱海といっても、場所によって湯の質が微妙に異なるとも聞いている。

何が言いたいかというと、熱海での休息には、昼飯から日帰り入浴をはさんで、夕刻からは酒場で少し飲む、という、まあ、ちょっとした夢のようなアイデアも実現可能だということなのです。

さて、この日、湯浴みをして、すっかり身体の凝りがほぐれた私は、さて、何をするかと一瞬だけ考えて、すぐさま答えを得た。

酒を飲むのである。

まだ汗の出るほてった身体に風を当てながら、ビールを飲む。熱海の海がたいへん、きれいである。思わずうとうとしてしまうわけであるが、湯上がりビールのあとに冷や酒をつないだ私は、夕刻の海辺を散策するころには、相当にいい気分になっていた。

そうして、今夜の目当ての一軒、「おやじの蔵」へ入った。

モラさん推奨の店である。カウンターに席をとり、さて、また、ビールからはじめた。

長崎五島列島出身のご主人と美しい女将さんが切り盛りする店のこの日のお通しは生シラスだった。ひと目見ただけで笑みがこぼれてしまうほどにうまそうな生シラスである。大袈裟な話じゃないのです。ちゅるりと吸ったあとから、冷たい酒を含めば、

おやじの蔵〔熱海駅〕

口中まことに幸せなことになるのは、飲兵衛なら、いや、飲兵衛でなくてもわかるというものである。

頼んだのは、「天虹《てんこう》」という酒。静岡県の蔵元が造る非常にきれいな印象の酒で、グラスからするりとやってできた余白の部分に、グラスを受ける枡にこぼした酒を注ぎ足すのがまた楽しいじゃありませんか。

焼いてもらったのはサンマだ。脂がのりながらも身がだれない食感が絶妙で、皮の香ばしさ、肝の上品な苦みも申し分ない。それから、この日はまだ秋も早い時期であったからか、早生《わせ》ミカンが添えられていた。スダチよりさらに甘やかでありながら、柑橘類の、素朴というか実直というか、まっすぐな印象を与える爽快さがすばらしい。

焼き魚一皿でこれだけ違う。ここが人気店であること、モラさんが連れてきてくれたことの意味がわかって、酒をお代わりする。

湯浴みしてポカポカと温かい私の上に天の虹がかかるようで、なんともいい気分である。

実はこの日私は、あと二軒歩いてすっかり酩酊し、時間を遅らせて乗り直した新幹線が東京駅に到着したときハッとして目覚めたのだった。

ちょっとやりすぎた。けれどこういう寄り道はただただ楽しい。今から次の旅が待ち遠しくなる。

（二〇一四年十二月号）

美味に酔う夏海の町帰り道

竜田〔熱海駅〕

熱海駅より徒歩約15分
静岡県熱海市中央町5-3
☎0557(81)3751
時11時〜14時(LO13時30分)、17時〜22時(LO21時30分)
休月曜

熱海に寄り道するのが楽しいのは、少し歩くだけで、訪ねてみたい店がいくつも見つかるからだ。

生涯に、転々と居を変えた志賀直哉は昭和二十三年から六年ほど、熱海に住んでいる。スコットというレストランは、志賀が好んだ店だと読んだことがあるが、その店は今も、熱海に残っている。街中を、ぶらぶらと歩いていて、ああ、ここか、とわかるほどの、一種の風格を備えている。そういう出会いも、熱海にはある。

一方で、付近のラーメン屋さんには、昼どきに行列ができていて実に気になる。ほかにも、手打ちそばの店、ウナギ屋、もちろん寿司屋と、目に留まる店は次々に現れる。

丘を下って熱海湾まで三本の川が流れ込んでいるが、熱海桜でも有名な糸川のほとりを海岸通りから少しばかり丘側へあがった左手の路地に、藍色に白地で「竜田」と抜いた暖簾のかかる店がある。

昼食時に立ち寄るもよし、夕刻から少しゆっくりするのもいい。もちろん、宿をとっておいて、腰を落ち着けて飲むという手もある。

渋い構えだし、看板に「小料理」とあるから、純和風の店かと思うのだが、入ってみると、意外なことに、洋風のメニューが目に飛び込んでくる。

ミニメニューには、こだわりメンチカツ、カニクリームコロッケ、両方を盛り込んだメンチ・カニコロセットなどとある。

訪ねたときに応対してくださった加藤寛子

竜田〔熱海駅〕

さんによれば、寛子さんのご両親が店を始めた当初から和食も洋食も手がけたが、今に比べると飲むためのおつまみ的な料理がメインだった。そして現在では、和食を勉強した寛子さんの弟さんと、ご両親の四人で店を切り盛りしているという。家族経営の店の特徴のひとつだが、初めてでも、ほっとさせてくれる空気に満ちている。旅先でふらりと入るには最高の店だ。

「地元の方はもちろん、観光のお客さんや、週末やお休みのときに熱海で過ごす、東京在住のお客様も来られます。最近は、外国からのお客様も増えました」

アメリカ留学経験のある寛子さんは英語が堪能だから、海外からの来訪者の応対もお手のものだ。

カウンターの正面には水槽もあり、アジが泳いでいる。あれは、ちょっと後にして、と作戦を練りながら、冷たいビールの相手として、まずは地ダコを刺身にしてもらう。シコシコのタコの旨みはジワジワと染み込むようで、飲み食いに勢いをつけてくれる。

続いていただくのは、エビれんこん団子。エビとれんこんを団子にしてからりと揚げ、上品な銀餡に半分浸かった状態で提供する。こちらの、評判の一品と伺ったが、餡を吸う前の団子の表面がサクサクとして軽く、思わずにっこりしてしまうくらいに、おいしい。

いいぞ、いいぞ。あれもこれも試してみたくなる。メニューにある餃子やワンタンなどにも触手が動く。

さて、水槽の中をのんびりと泳いでいる、あの、うまそうな小ぶりのアジをたたいてもらおう。

酒は、静岡県は掛川の銘酒「開運」の夏期限定「涼々《りょうりょう》」。ひと口含むと、甘みが口中に膨らんだ後で、すっきりと流れていく。ベタつかず、好みの味だ。そこに、小ぶりのアジの清楚な味わいがよく合うのだ。

これも酒飲みの習性だが、酒の勢いが食べる速度を追い越していくのが自分でもわかる。

次の一杯には、やはり静岡県・藤枝市の「志太泉《しだいずみ》」の「八反三十五号《はったんさんじゅうご》」をいただく。寛子さんに聞くと、私にこのお店を教えてくださったマイク・モラスキーさん推奨の銘柄とのこと。さきほどの一杯に比べて、ぐんと酒らしい当たりが来る。吟醸香がふわりと広がり、実にいい酒だなと、深々と頷いた。

東京までの帰途は決して長いものではないが、ここはしっかりと腰を落ち着けて飲みたくなってくる。これから取れる宿はあるか。そんなことが頭をよぎる。

アジは骨せんべいまで堪能し、そこからウイスキーのハイボールに切り替えた。ここでいよいよ頼むのは、メンチ・カニコロセットである。

メンチの表面のかりかりっとした仕上げが抜群で、デミグラスソースは甘みを抑えた自家製。カニクリームコロッケのホワイトソースもていねいな手づくりで申し分ない。

「こちらのを食べてしまうと、よそで食べられなくなるわね」

同じものを分け合って食べていた女性ふたりのお客さんが話している。どうやら常連さんらしい。

私も、その通りと、思う。そして、上等なコロッケやメンチがハイボールに合うことこの上ない事実に改めて気づき、私はハイボールを都合四杯ほど大急ぎで飲んで、帰京の途についたのだった。


（二〇一七年七月取材）

ひれ酒は師走の褒美と独り言つ

茂よし〔三島駅〕

三島駅より徒歩約19分、または伊豆箱根鉄道駿豆線三島広小路駅から徒歩約5分
静岡県三島市南本町3-4
☎055(975)0507
時11時30分～13時30分、16時30分～22時(LO)
休月曜

三島は、長く不案内だった。

富士山の伏流水が流れる名水の里であり、伊豆国一ノ宮、三島大社があることも承知しているのだが、ふらりと立ち寄る機会になかなか恵まれなかった。

初めて寄ったのは、西伊豆への観光の帰りだった。名水を流し放しにする贅沢な環境で泥を吐かせたウナギを食べにでかけ、評判を上回るおいしさに、目を開かれた。

ウナギ屋へ上がるなら昼下がり。一杯やりながらゆっくりしたい。初めての訪問から間を置かずして、今度はひとり、新幹線でわざわざ出かけた。

肝焼きでビールから始めて、白焼きのころに日本酒にする。ゆっくり、ゆっくり。老舗の建物がもたらす落ち着いた空気も楽しみながら、ウナギを味わった。

茂よし〔三島駅〕

こうして、手がかりならぬ、足がかりができた三島に、さらによい店を見つけた。寿司、割烹の店、「茂よし」だ。

　初代が寿司屋として開業してからすでに百年の歴史を刻んできた老舗であるという。割烹を始めたのは二代目だが、三代目の時代になると、店にカウンターを設けて、ひとり客やふたり客が気軽に利用できるようにし、さらに、フグ料理を取り入れた。店は直《じき》に、四代目が受け継ぐという。

　新幹線の三島駅から在来線からの乗り換え通路を通って南口に出る。歩いても二十分とかからないが、初めて行くならタクシーが便利で早い。

　店では、目利きの板さんが、季節ごとの海の美味を、あれこれ楽しませてくれる。

私が出かけたのは、晩秋というよりは暦の上ではすでに初冬のある日のことだった。このときすすめられたのが、オナガダイの刺身である。

薄っすらと赤味を帯びた白身は、口に含むとシコシコとした歯ごたえと肉厚の甘さを同時にもたらした。

湯引きして、皮を引いてから、適度な厚さに切ってあるからか、この魚の身がもつ食感が存分に生かされるようだ。この時期すでに旬を通り過ぎて、名残りの素材ということだったが、そろそろ終わりくらいが、かえってうまいのかもしれない。

陶製の器に注がれた生ビールを一気に飲み干すと、燗酒と、白子をもらった。真冬になればフグの白子も出るが、今はまだタラ。フグの白子焼きはまたのお楽しみということで、ひとまずはタラでなんの不満もない。

ひと息に食べてしまってはもったいないという思いが働いて、白子を少しずつ口に運んでは酒をすする。

オナガダイの最後のひと切れには、おろしたばかりのワサビを多めにのせてみた。伊豆半島南方きっての漁場であり釣り場である銭洲《ぜにす》で獲れたというこの魚が、飲みたい気持ちに火を付けてくれるようだ。

そしてやはり、冬ならば、フグだ。フグはこの割烹の名物でもある。頼まない手はない。

唐揚げも焼きもいいが、まずは刺しだろう。出された皿を見て、嬉しくなった。向こうが透けるどころか、本当に盛られているのか確認したくなるほど上品な切り方というものが、フグ刺しにはあるように思う。けれど、こちらの刺しは、少し違う。ちょうどいい、厚さなのだ。

歯ごたえを楽しみ、楽しむ中からうまみがじわりと口中に広がる。それが、うまい刺身を喰うときの、ひとつの醍醐味だろう。もちろん、気づかぬうちに喉を通ってしまうほどのトロトロ感を味わう魚種もある。けれど、フグは、しっかりとフグを感じさせてくれたほうが、私は好きだ。

ヒモも皮も、いい。もとよりひとり酒だから誰に気遣うわけでもないのだが、フグ刺しの皿に向かう私は、ただその一点に集中している。

燗酒が空になる。

「ヒレ酒をご用意しましょうか」

店の女性からすぐに声がかかった。ああ、と声が漏れるのは、迷っているからではない。断るはずがないのだ、ヒレ酒を。ただ、絶品のフグ刺しとタラの白子を前にして、さらにこの視界の中にヒレ酒というものを配置するという贅沢が、私をくらくらさせたのだ。

「ヒレ酒、お願いします」

抜群の一杯が出た。熱々で、香ばしく匂い立つヒレ酒をすすり、刺身に箸を伸ばす。年内に片付けるべきことへの一応の段取りもついた師走の一日だった。これはささやかな褒美だねえと呟いて、背中を丸めて酒をすする。

店にはテーブル席も小上がりも、二階には個室もある。誘い合わせてちり鍋から雑炊まで堪能するのも一興だなあ……。

さてさて、誰を誘ってやろうか……。そんな至福の寄り道を喜ぶ人の顔が、いくつも浮かんできた。

（二〇一五年一月号）

駆けつけて早々と酔う夏日暮れ

BAR VICTORY〔三島駅〕

新幹線はなぜ沼津に停車しないのか。この話題は、飲んでいる席で何回か出ている。三島の隣、大きな港を擁し、漁業、商業、経済の中核でもあって、伊豆半島の西側の入り口。あらゆる条件を考えて、沼津に新幹線が停車する効果は相当なものではないのか。

沼津への鉄道のアクセスがさらによければもっと気楽に遊びに行けるのに。そんな気持ちが言わせることではあるのだが、賛同する人が多いのも事実である。

そういう人は、沼津の豊富な魚介だけでなく、もうひとつのこの街の魅力を知っている。それは、バーなのである。

沼津駅から歩いても十分ほどだろうか。表通りから少し入った小さなところにある

三島駅より東海道本線で沼津駅へ、沼津駅より徒歩約12分
静岡県沼津市八幡町125
☎055(962)0684
時18時〜25時
休無休

建物に、ステンドグラスをあしらった看板灯が見える。その入り口から階段を上がる。そこが、「BAR VICTORY」だ。

初めてこの店の扉を開けたのは、もう、十五年以上前のことになるだろう。そのときも、店へ一歩入って、テーブルや棚、椅子、カウンターなどのすべてに、どっしりとした風格を感じて、ため息が出た。それからずいぶんと時間が経過して、こちらもいろいろ物を見てきたはずなのだが、この夏、久しぶりで店に入って、やはりため息が出た。店の渋みは、いっそう増しているのである。

カウンターにつく。一九七〇年代初頭にできた店は、看板と同じくステンドグラスをあしらった小窓からさす夏の残り陽によって、濃淡の美しいコントラストを見せている。

初めて来たときは、縁があって、バーをめぐる仕事をしていた。都内だけでなく、たびたび出張をしては、各地の名店の扉を開けた。印象深い店がいくつもあるけれど、初訪問以来、沼津のこの店のことは、常に気になっていた。けれど、西伊豆へ出かけるときは自分で運転していることが多く、帰りに寄り道をして少し飲むというチャンスに恵まれなかった。

マスターにジンリッキーを頼む。寡黙なベテランは、「タンカレー」ジンのボトルをさりげなく手にとって、滑らかで正確な手さばきで、最初の一杯をつくってくれた。縁の部分のカッティングが鑿跡《のみあと》を思わせる分厚いカウンターに、ジンリッキーの入ったタンブラーが置かれた。

ひと口、飲んで、夏の夕刻の渇きを癒す。

「このカウンターは、なんという木ですか」

「これは、花梨《かりん》なんですよ」

じっと見て、さて、酒やジャムにする花梨の木がこれほどどっしりとした厚みをもつのかと、改めてそんなことを思い浮かべていると、小皿が供された。

レバーペーストのカナッペと、鶏肉とアスパラのキッシュである。店内の音楽はピアノソナタ。まだ明るいこの時間に、シンプルなピアノの音色はよく合っているようにも思う。

とは言うものの、キッシュとクラシックは、日ごろの私が得意とするところではない。いつもなら尻のあたりがムズムズしておかしくないのだが、そうはならない。

なにしろ、居心地がいい。

常連と思われるお客さんがやってきて、おそらくはご指定にしている席に座る。夕刻、仕事の後でちょっと寄るのに、こんな店があるなんて、なんと羨ましいことかと

しみじみ思う。

カナッペがうまい。これは、ウイスキーだなと思う。夜のうちに名古屋まで移動するつもりだから、ブレンデッドウイスキーのソーダ割りにしておこう。

注文すると、「デュアーズ十二年」をベースにした一杯が出た。好きな銘柄である。

マスターの河守《かわもり》勝次郎《かつじろう》さんは、物腰の柔らかい穏やかな方だ。けれど、ときに、眼光が鋭い。これこれ。この雰囲気が、バーテンダーなんだよな、と、ありがたく思ったりする。

沼津はもともと、お茶があるから農業が盛んであり、漁業の基地であり、高度成長期以降は製造業が進出、商業、金融も発展して、静岡県東部随一の都市になった。河守さんから、そんなお話を伺いながら飲む酒がうまい。当然この店は、沼津が繁栄の盛りにあった時代の空気を知っている。街が栄えたからこそ、これだけ造作に凝った店ができたのだし、地元の人のみならず、外からの人にも愛されたのだろうと思う。

一九七〇年代に大いに飲んだ世代。それはつまり、私の父親たちの世代だ。彼らが飲み、かつ語らった酒場の多くは、都内でもずいぶん減った気がする。その一方で、「昭和を感じる」といった感想が常套句よろしく繰り返されたりもする。あるいは、老舗のこだわり、云々……。

昭和を思うなら、昭和を生きた世代を思うべし。老舗というものは、何かに拘泥《こうでい》しているのではなく、あるべき姿を見つめているだけだ——。早い時間の酒が効きはじめたようだが、私はいよいよ席を立ちたくなくなっている。

ダイキリを注文して、椅子に座りなおした。

（二〇一七年六月取材）

熱々のサザエの身顎を焼き

ろばた焼き　幸兵衛〔新富士駅〕

東海道本線富士駅より徒歩約3分、または新富士駅よりタクシーで約9分
静岡県富士市富士町8-2
☎0545(64)3311
時17時～22時(LO、月～木・祝)、17時～22時30分(LO、金・土)
休日曜

富士駅から近い「幸兵衛《こうべえ》」は、界隈では古くから知られた老舗だ。主の佐野雅彦さんと奥様、板さんとスタッフが切り盛りする、わりと広いお店である。

この店の存在を知ったのは、「こだま酒場紀行」という連載を雑誌「ひととき」に連載し始めてから半年ばかり過ぎたときのことで、新幹線の新富士駅近くの店の候補として目星をつけたのである。

ただ、「幸兵衛」に近い富士駅と、新幹線が停車する新富士駅とは、ほんの少し離れており、当時、新富士駅の目の前にいい店を見つけたので、連載の原稿はそこのことを書いた。

ただ、今回、単行本化するにあたって調べたところ、残念なことにその店は閉店さ

れているようで、そういうことなら迷わず「幸兵衛」と即決した次第である。

夕方の開店間際に店へ行くと、濃紺の暖簾が出ていて、店の前に打ち水がしてある。脇の大きな鉢の小さな葉がよく茂っている。これは、南天だろうか。

店内に入ると、いわゆる土間がひろがり、奥に座敷。そこを照らすのは、ランプシェードのような電灯で、オレンジがかった、暖かい色で店内を照らす。

右手は、長いカウンター。その手前にはテーブル席もある。

都心であまり見られなくなったろばた焼きのカウンターは、食材や器を置くスペースが幅をとるから。椅子に座るとカウンターの中まで少し距離がある。この具合が、いい。

ベテランの板さんと、ご主人、佐野さんの姿がある。短髪にねじり鉢巻、さらりと着た調理衣がとてもよく似合う。

まずはビールだ。秋田杉の柱など、三百年物の木材を利用するだけあって、店は、外の構え同様、店内も重厚である。豊富な魚介の産地は、静岡、沼津、田子の浦、由比などの漁港から仕入れるという。

訪れたのは盛夏。つまみの最初は、名物の生シラス。そこに、お通しで落花生がついたのだけれど、これが、茹で落花生。塩加減もほどよく、噛めばホクホクでたいへんうまい。サントリー生ビールのジョッキが見る見るうちに減っていく。

それからシラスであるが、さすがといいたくなるほどの新鮮さで、今さらながら驚く。臭みのない半透明のシラスの、つるつるの食感がまた、ビールを飲むスピードを加速させるようである。

魚介類のほか、やきとり、しそ巻き、えのきベーコンなどの串物や、四季折々のおいしい素材を調理する。佐野さんいわく、

「フグもさばきますよ」

富士は製紙で栄えた街。今も、企業へのお勤めの人の利用が多く、ここで一席設けた後はタクシーで新富士駅へ出て、そこから新幹線で帰る。そんな使い方をする人が、こちらのお客さんの一部であるらしい。

私が見る限りでは、地元の人も早い時間からやってきた。明日はゴルフという社長さんは、一時間くらいさっと飲んで席を立つ。一方の二人連れには、これから女性客が加わるらしく、カウンター席をひとつ余分に取れるか心配している。

大丈夫。そのときは私が席を移りますから。そんなことを思いながら、ひとり、ゆっくりと飲む。

身の柔らかいイカは細切りにして青ねぎと一緒にヌタにしてある。このヌタがほど

ろばた焼き　幸兵衛〔新富士駅〕

よく甘く、うまい。

せっかく、ろばた焼きに来たのだ。何か焼いてもらおうか。魚のカマなんかいいのだけれど、ひとりだと量的にもてあましそうな気がして、サザエのつぼ焼きをもらう。

飲み物を焼酎に切り替えて待つことしばし。あの、長い柄のついたヘラみたいなのに載ったサザエがきた。身をあえて刻まないようお願いしたので、歯で噛み切るのに少し手間取り、その間に上顎のあたり、軽く火傷をしたが、なにしろ、このサザエがまた格別で、どうにも焼酎の勢いが止まらない。

続きましては、佐野さんのおすすめ、脂ののった金時イワシの梅肉煮。イワシの旨みを梅肉の爽やかな酸味で包み込む一品。地味だけれど、これは、うまいですな。

さらに、もうひとつ。イワシのすり身に、いもやねぎなどを混ぜ込んで蒸かし、だし汁の餡をかけた絶品が出た。

次から次へとつまみを平らげ、焼酎の水割りを一杯、また一杯と飲むうちに、時間はあっという間に二時間ほどが過ぎていた。

また、寄らせてください。初めての店なのに、すっかり根が生えてしまった感じの私は、そう挨拶をした。

「これまで、いろいろな人に会えて、ここまでやってこられて、よかったと思うんですよ。感謝しています」

七十四歳になる佐野さんが、にこやかに、そう言う。

いい話を聞いたなと心底思った。


（二〇一七年七月取材）

老舗にて春祝う酒のお相伴

大衆酒場　多可能〔静岡駅〕

静岡駅より徒歩約8分
静岡市葵区紺屋町5-4
☎054(251)0131
時16時30分〜23時
休日曜・祝日

一月五日のことだった。

私は、静岡駅で列車を下り、酒場を探してぶらぶらと歩いた。この街を歩くのは初めてだけれど、あてがなかったわけではない。駅からほど近いところに「多可能《たかの》」という老舗酒場があるよと、飲み友達から聞いていた。

地図を頼りに歩く。実に立派な門構えの料亭を左に見ながら進むと、ああ、これだなとすぐにわかる、渋い暖簾が目に入った。

間口はさして広くないものの、扉を開けてみると店内は奥に向かって広々としており、まだ五時過ぎだというのにかなり賑わっている。

正月五日のことだ。店が営業していない可能性もあったし、開いていたとして、地元のお客さんたちで満席、ということも想定されたから、ひとまずはテーブル席で相席させてもらうことになって、ほっとした。

瓶ビールを頼むと大瓶ビールが出てきた。嬉しいじゃないですか。

お通しは茹でたピーナッツ。しっとりとして柔らかいのに、噛めばほっこりと豆の味がする。うまい。

店を見回す。カウンター周りが重厚だ。老舗の風格というものだが、木造のがっしりとした棚に徳利や猪口が置かれ、その上に、黒板に白でかかれた品書きが並ぶ。

カウンターの上にも、大皿が並び、カウンターの中では、次々に注文をこなす板さんが気持ちいいくらいの手さばきを披露している。正月ボケもなにもあったものじゃ

ない。開けるとなったら、おのずと気合が入るということなのか。とにかく、店の空気は正月休みの、のんびりしたものではなかった。これが古い街に長く続く酒場の、正月風景である。

この季節にどうかと迷いつつ、カツオの刺身を注文してみる。そのわけは、相席のお客さんが食べているのを見て、こいつはうまそうだと思ったからなのだが、この勘は我ながら、なかなか鋭いものだった。

刺身をひと切れ口へ入れると、すぐに白飯を頬張りたくなるようなカツオであった。遠洋ものなのか。常識的には旬ではないが、たいへんうまい。

このあたりで、ようやく、ほっと息をつく。

そうして今度は、客に目がいく。カウンター席には、見るからに常連と思われる人々が並び、私のほうに背中を見せている。

店の創業は大正十二年。西暦でいうと一九二三年であるというから、日本のウイスキーの故郷、サントリー山崎蒸溜所が竣工した年である。何度か訪れたことがある蒸溜所なので記憶しているのだが、この歴史を店の年齢ととらえると、店は今年で九十三歳ということになる。カウンターにいるお客さんは、九十年を超える歴史をもつ酒場の、さて、何代目の常連なのか。ふと、そんなことに思いが傾く。

正月五日の老舗酒場は、午後六時を過ぎて、さらに賑わいを見せてきた。男女の店員さんたちは、店内を行き来する間にも、

「お正月はいかがでしたか」

「今年もよろしくお願いします」

などと、馴染みの客に声をかけるのを忘れない。

イチゲンの私は、その声を聞いたり、あるいは聞き逃したりしながら、茹でピーナッツとカツオの刺身を平らげる。

焼酎か日本酒かと迷う合い間に、名物と思しき黒はんぺん焼きを頼んだ。少し甘くて、香ばしいはんぺんが三枚のっている。ご機嫌な一品である。

四人連れが来店したのを機に、私はテーブル席を彼らに譲り、ひと席空いた、カウンターに移動した。

そこで隣合わせた旦那さんは、飲みきりサイズのウイスキーの水割りを楽しんでいた。

はんぺんで少し甘くなった口に、ウイスキーの水割りは合うのではないか。とっさにそう思った私も、同じものを頼み、さらにチーズ揚げを追加する。

カウンターで、常連さんに挟まれる恰好になった。それがかえって心地よく、腹の

底の方からぽかぽかと温まってくる。

はんぺんをつまみに、飲みきりサイズの水割りウイスキーを飲む。頭の中はほぼ、からっぽ。店の喧騒に身を任せるような感じなのだが、それが、とても気持ちいい。

「ちょっとごめんな」

ウイスキーを飲み終えた隣のお客さんは、すでに会計をすませたようだ。席を立とうとするので、私が自分の椅子を引いたら、「ごめんな」と声をかけてくれたのである。まだ夜は早い。お客さん、次へ急ぐのだろうか。

誰ひとり知る人のない酒場で新春を寿ぐ。見ず知らずの人に心の中で、今年もよろしくと声をかける。そんな、少しばかり芝居がかった空想もまた、気ままな旅酒ならではの味わいかもしれない。

（二〇一五年三月号）

願わくばほろ酔いの目に星月夜

Bar 大代園〔静岡駅〕

静岡駅に寄る楽しみがまたひとつ増えたのは昨年の夏のことだ。居酒屋の名店「多可能」からさらに2ブロックほど先を右に折れて、しばらく行ったところの地下に、一軒のバーができたのだ。

その名を「大代園《おおしろえん》」という。若きオーナーバーテンダーは、杉山大地さん。店名の由来をこう語る。

「曽祖父が茶の商いをしていたときの屋号なんですよ」

自分の店を持つなら自分らしさがもっとも前に出るように——。そう考えてのことと思うが、苗字でも名でもなく、ひいお爺さん時代の屋号を使うとは、なかなか渋いと思った。

静岡駅より徒歩約8分
静岡県静岡市葵区呉服町
2-9-1 玄南偕楽ビルB1F
☎054(273)7676
時18時～26時
休日曜

私が初めて訪ねたのは今年の五月のことだ。

カウンター八席。ほかにボックス席もある店を、杉山さんはひとりで切り盛りしていた。

「この七月で、ようやく一年になります」

お通し代わりのオニオンスープを供しながら、にこりと笑う。童顔だが、今年で三十六歳になった。

バーテンダー歴はすでに十六年。二〇一〇年からの五年間は、銀座の「三石《みついし》」というバーで修業をした。その店は、私が銀座で知っている数少ない店のひとつであり、私はそこで杉山さんに出会っている。改めて考えてみると不思議な気がするのだが、私は杉山さんを、もう七年も前から知っているのだ。

「三石」のオーナーバーテンダー、三石剛志《つよし》さんとの付き合いはさらに古い。彼が銀座の名店「ル・ヴェール」の門をたたいたのは、二〇〇六年だったか。彼がまだ二十六歳のころだったと記憶している。名古屋から出てきて、明るく、陽気な接客で人気者になったが、カクテルの腕前は、「ル・ヴェール」のマスターである佐藤謙一さんにも、バーをよく知る常連にも、酷評されていた。

私のようなカクテルにまったく不案内な者でも、そばで見ていてそこまで酷評しなくてもいいのではないか、というくらい辛口の人もいた。

師匠の佐藤さんは、手取り足取り教えない。放ったらかしであり、折りに触れてきつく叱る。これではもたない。私は何度か本気で心配したが、杞憂であった。

それから四年もすると彼は「三石」を開店するのだし、そこに杉山さんが入店するのである。つまり、杉山さんは、佐藤さんの孫弟子ということになる。

若いバーテンダーの多くは、自分をかっこよく見せたがる。大人であると認められたがる。けれど、「三石」に入ったばかりの二十代の終わりのころの杉山さんには、そういう気取りや気負いがなかった。

お客さんによっては、この人は客商売に向かないのではないかと思う人もいたかもしれない。

けれど私は、そういう飾らない姿勢を好ましいと思っていた。

「大学では土木建築を学んだはずなんですが、なんでバーテンダーになったんでしょう」

と、自分のことを語る、その口ぶりも、気持ちのいいものだった。

故郷である静岡県に店を構えると知ってから半年以上、私は杉山さんにご無沙汰をしたのだが、久しぶりで会ってみると、自分の店を持った自信からか、急に大人びて見えた。少し心配になるくらい、ぼんやりした感じというのは残っているのだが、それは鷹揚さにもつながっていて、大らかで、客を和ませる。

何かおすすめでつくってよ——。

「大代園」を初めて訪ねた日は、すでに少し飲んでいたのだが、彼のカクテルを抜きにして帰京する気にはなれなかった。

「遠州の『待ってたトマト』をご存知ですか？」

「はあ？　全然知らない」

「与える水分をぎりぎりまで減らして育てるトマトで、ものすごく甘いんです」

ウォッカをベースに、「待ってたトマト」を潰してシェークした一杯は、グラスの縁に塩をのせた、見た目にもきれいなカクテルである。

ウォッカのトマトジュース割りといえばブラッディメアリーだが、杉山さんの一杯には、普通のブラッディメアリーの荒々しさは感じられない。むしろ、甘く、ひたすらスムーズな印象で、たいへん、うまい。

「これは、いいね」

「ありがとうございます」

あっという間に飲み干す私に、杉山さんは、ライムのかわりに金柑を使ったジント

ニックもつくってくれた。これも、実に、いい。

秋口にまた来たいと、ふと思った。

杉山家の家業が今も続いているなら、ほろ酔いでその茶畑に入り、星のきらめく秋の夜空を見上げたい――。

空想は、あらぬ方向へ飛躍していく。どうやら少し、飲みすぎたようだ。「大代園」を気に入って、ときどき飲みに来ているという若いお客さんに挨拶をして、先に店を出た。さて、東京まで新幹線でひと眠りしようか。

（二〇一七年十月号）

浅き春締めの冷や汁音たてて

遠州屋　本店〔掛川駅〕

掛川駅より徒歩約3分
静岡県掛川市肴町1-15
☎0537(88)0355
時17時～24時(LO23時。金・土曜は～25時、LO23時30分)
休月曜

掛川は静岡と浜松の中間に位置する城下町で、市内の東西南北に美しい茶畑が広がり、南は、城からわずかに十四キロほどで遠州灘に出る。

遠州灘に突き出した岬が御前崎《おまえざき》。ここには、かつて二度ほど訪ねたことがある。掛川駅に下りる前、こだま号の車中で、その当時のことを思い出す。

最初は、釣り船を取材する旅で訪れた。港を歩き、釣り船のオヤジさんを訪ね、港に停泊する船と一緒に写真におさまってもらうことが目的で、残念ながら、船に乗って釣行《ちょうこう》を楽しむという、旅取材の醍醐味を味わうことはできなかった。

けれど、前日に泊まった釣り宿のタバコの匂いの染み込んだ畳の部屋や、話してみるとなんとも温厚な強面《こわもて》の主人のことを、ありありと思い出すことができた。

二度目のときは、郷土料理としてのカツオの漁師料理の取材だった。カツオ一本食いつくしという感じの料理に目を瞠《みは》った。

御前崎から掛川は近い。さて、今回は、どんな酒肴に出会えるか――。

駅の改札を出る私は期待に胸を膨らます、という状態だった。

地元の古老が「生をくれ」と言ったらカツオの刺身のことを指す。それを教えてくれたのは、掛川駅北口を出て難なく見つけた「遠州屋 本店」の有海幾雄《ありかいいくお》さんである。

「僕らが子供のころは、海沿いを走る国道一五〇号沿いにナガラミを売るお婆さんが立っていたものです」

土地っ子しか知らない話を聞きながら、お通しとして供されたナガラミの塩茹でを楊枝でほじる。最初の生ビールがすいすいと喉を通り過ぎていく。よかった。掛川で寄り道をして、正解だったと思う。

店では静岡県全域、とりわけ掛川産の食材を取りそろえる。豊富な魚介類に加えて駿河軍鶏《しゃも》、自然薯《じねんじょ》、葛《くず》などをはじめとして、もちろん酒と、塩や醤油も掛川産に絞りこむ。

生後百二十日未満というまだ小ぶりな軍鶏のもも肉焼きをいただいた。

皮はかりっとしていて、内側は、ふんわりとしながら軍鶏特有の歯ごたえもある。こ

遠州屋 本店〔掛川駅〕

の軍鶏は、掛川茶と竹炭を食べて育つという。そう聞けば、なるほど軍鶏の荒々しさだけでなく、そこはかとない上品さも感じられる。

ビール、焼酎、ウイスキーのハイボール。軍鶏を肴にいくらでも飲めるような気がしてくる。ちなみに、毎週水曜日には、その日の午後に出荷されたばかりの軍鶏を、ハツや砂肝といったモツ類もふくめて、生で楽しめるという。ぜひ、試してみたいものだ。

訪ねたのは、寒の厳しい二月の初旬だった。ちょうど節分の夜だったが、土地の港に、今年最初のカツオが揚がったという。

黒潮にのって沿岸にくる、いわゆる「初ガツオ」とは別物らしいが、なんとも縁起がいい。私も「生で」もらうことにする。

合わせる酒は、掛川が生んだ銘酒「開運」。これをグラスでやる。隣の静岡駅近くの名店でもカツオの刺身を食べたけれど、駿河湾から遠州灘にかけてのカツオはいくら食べても飽きないようだ。

何かうまいものはないかと当てもなく下車する寄り道酒は、もとより長居を想定していない。ナガラミ、軍鶏、絶品のカツオ刺しをいただきながら銘酒を冷やで味わうと、さて、酒はともかく肴のほうは締めに入ろうかという気になる。

ここで、酒をもう一杯。節分にちなみ、お隣は島田市の銘酒「若竹鬼ころし」を、やはり冷やでいただくことにする。

すすめられたのが、「ガワ」という料理である。「ガワ」とはなんぞや？

その内容を聞いて驚いた。簡単に言うと、カツオのたたきの冷や汁である。実はこれ、御前崎を二度目に訪ねた二十年ほど前に、カツオ一本食いつくしの取材旅のおり、一度だけ食べたことのある漁師料理なのである。

氷を入れて冷やした味噌汁だ。具材であるカツオのたたきを投入し、ネギ、タマネギ、ミョウガ、ショウガ、シソの葉などの薬味をのつけたら、あっという間に完成する。火を使えない船上で獲れたばかりの鰹をおいしく食べるために考案された冷汁を、ぶらっと寄っ

遠州屋　本店〔掛川駅〕

ただけの私は、ズルズルっとすするのだ。白飯にぶっかけて一気にかきこむのもいいという。

このひと椀は、かつてカツオ漁船に乗っていたという若き板長が、武骨で飾り気のない漁師汁を、見事な酒肴に仕立てたもの。キュウリとみじん切りのタマネギ、そこにミョウガがからんで、冷たい味噌汁と一緒に、清酒で甘くなった口中を洗いながし、更新してくれる。

余寒、というより、まだまだ厳寒を思わせる節分の夜に、遠州灘で生まれた、冷たい漁師汁を、音をたてててすする。

火照った体にすーっと落ちていく汁の冷たさ。その、なんとも痛快であることよ！

（二〇一五年四月号）

旅終えてひとりうな茶で慰労会

八百徳　駅南店〔浜松駅〕

浜松駅南口より徒歩約1分
静岡県浜松市中区砂山町325-7
☎053(452)5755
時11時〜20時(LO)
休月曜、第1火曜(変動の場合あり)

浜松で一杯やろうと下車して、何気なく北口へ出たら、街が思いのほか大きくなっていて驚いた。

十年ほど前に来たときは地元の方の迎えの車に乗りこんでしまったから、街の印象が薄い。

それ以前、ひとりでぶらついたとなると、もう二十年も前のことになるのだけれど、そのときの浜松はもう少し、小ぢんまりとした、しかしながら、歴史と伝統のある街に見えた。それが今ではずいぶん煌びやかになって、しばらく呆然としてしまったのだ。

時間があれば、浜松城を見物するなり、南へ下って中田島《なかたじま》の砂丘を歩いてもいい。浜

八百徳　駅南店〔浜松駅〕

名湖畔の宿をとって一泊という手もある。

そこまでの時間が取れなくても、心配はいらない。浜松は静岡県西部随一の都会であるから、飲食店探しで困るということはないからだ。

JRの駅から私鉄でひと駅くらいまでの間に、繁華な一角がある。

事前に仕込んでおいた、魚介、ホルモン、餃子などの店情報を確認する気分で歩いてみる。が、むしろ、いろいろな店がありすぎて、足はなかなか先へと進まない。

大通りからひと筋中へ入ると、さして広くもない道に、渋い構えの居酒屋、やきとり屋、割烹などの暖簾が見え隠れしていた。

私などが酒を覚えた頃にはよく見かけた、引き戸に暖簾の、渋い店が並んでいるのだ。換気扇から噴き出す煙には、魚やモツを焼く匂いだけでなく、いわく言いがたい雑多な匂いが混じっている。これぞ飲み屋街の匂いだと、妙に感心したりする。

ひときわ香ばしい、おいしそうな匂いが流れてきて気がついた。

浜松なのだから、ウナギでどうだ――。

となると、いてもたってもいられない。たしか以前に来たとき、JR駅の南口近くに老舗があった。

私は、小走りになりながら駅へ引き返し、南口へ出て、ロータリーの正面に、「八百

徳 駅南店」を見つけた。

ここだ、ここだ。二十年ほど前に来たときの、浜松の美味と満腹の記憶はこの店に詰まっている。さっそく扉をあけて、店内へ入った。本店の創業が明治四十二年という老舗中の老舗である。

ビールを頼むと、お通しにカブト焼きが出てきた。

ウナギの頭を焼いてから甘辛く煮たものだそうで、美しい木の芽が添えてある。口に含むと骨はハラハラと解けるように、甘辛いタレをまとって口中に広がり、かすかに山椒も香ってなんともうまい。

燗酒にして白焼きを楽しむ手があるが、肝焼きも捨てがたい。順番を云々するなら、当然、肝焼きが先である。

けれど、肝焼きを食い終わってから白焼きとなると、ちょっと間が空いてしまう。肝焼きを食べつつ日本酒を一合ほどいただき、それが終わるころ、「白焼き、おまちどうさま」というのが理想の流れだ。いや、しかし……。

私が迷ったのは、こちらのメインのウナギのボリュームをしっかり記憶にとどめているからだ。白焼きを堪能するあまりメインをもて余すようなことがあってはならぬ。

逡巡するうち、肝焼きがくる。そこに、枡で供される生原酒を添えてみた。

八百徳　駅南店〔浜松駅〕

目の前に、見るからにいい景色が完成し、すでにして満足なのだけれど、肝焼きを食べてみてまた笑いがでた。

こってりしているのにコリコリとした歯ごたえもよく、肝の苦みに焦げ目の香ばしさがよく合って、ああ、こりゃうめえ肝だと、ひと言声に出して呟きたくなるくらいのものだった。

さて、メインに頼むは「お櫃《ひつ》鰻茶漬け」だ。すでにして切ってあるかば焼きがお櫃のご飯の上にびっしり並べられている。

最初の一杯は、茶碗にそのままよそってウナ丼ふうにいただき、さて二杯目には、白ねぎとワサビという薬味だけをのせて、かきこんでみる。ねぎの爽快な辛みとワサビの抜けるような刺激で、ウナギの味わいが見事に一変する。

お新香をぼりぼり。枡酒をさらに少しばかり飲むのだけれど、その合い間にひと息入れてくれるのが肝吸いという塩梅なのだ。

そうして三杯目は、二杯目と同様に薬味を盛った上から昆布出しのお茶を注いで茶漬けにするのだ。

なんという贅沢だろう。カブト焼き、肝焼き、それからお櫃のウナギで三種類の食べ方をまさしく堪能。

ああ、うまかった！　ふーっと息をつき、ぱんぱんに膨れた腹をさする。間を置かずして再訪しようと思う。

次回は必ずや白焼きで燗酒の二、三本。ちょっとばかり大袈裟に誓い、店を出た。

（二〇一五年五月号）

コラム①

知らない駅で下車を

駅名は知っていても下車したことはない。そんな駅こそ、あてのない寄り道紀行には最適の候補地です。

小さなロータリーでバスの路線図などを見てエリアの概略をつかむのもいいし、観光案内所でパンフレットをもらうのでもいい。手ごろな地図があると、景勝地や名所旧跡だけでなく、地元の商店街や繁華街の位置もたちどころにわかる。

あとは、ただ、歩いてみる。土地の鮮魚店を覗けば市場には出ない小魚を見つけることがあるし、何気なく曲がった路地に、地元の人たちのための共同湯があったりする。

まったく知らなかった酒に出会うこともある。全国に流通している酒だけが酒ではない。あまり知られていないけれど、地元で愛される銘酒というものがある。それを土地の人たちと肩を並べて味わう。これこそ、初めての駅で下車する気ままな旅のおもしろさ。あせらず、急がず。ぶらり旅のコツはそれしかない。

愛知～滋賀

米原
岐阜羽島
名古屋
三河安城
豊橋

手づかみの豚足香る春の宵

福島屋〔豊橋駅〕

愛知県東部を流れ、三河湾にそそぐ豊川流域の住宅街に「福島屋」という小さな酒場がある。豊橋駅からタクシーなら、五、六分だ。

知らない土地で居心地のいい酒場を見つけるのはもとより容易でないが、この店は、土地のイチゲンさんにはまず、見つからないだろう。

私も、旅と酒を愛する画家の友人に「豊橋ならここ」と太鼓判を押されなければ、出会えなかった。

飲食店の取材記事を書いていると、お店から、掲載を断られることがある。その理由は単純で、今、通っているお客さんたちの席がイチゲンさんに奪われることを恐れるからだ。

豊橋駅より徒歩約20分、または飯田線船町駅より徒歩約8分
愛知県豊橋市北島町北島44
☎0532(52)7439
時16時～22時(LO21時30分)
休日曜、祝日

福島屋〔豊橋駅〕

「ああ、うちは、そういうのは、お断りしているんですよ」

というやさしい言い方でやんわりと断られるときもあるし、

「いらねえ、いらねえ！」

なんて、取り付く島がないという事態も経験してきている。

だから、初めての店に入るときには、いささか緊張する。さて、どんな店だろうという期待と裏腹に、その店を私がとても気に入ったとして、書いてもらっては困りますよ、ということになるのも、怖い。

豊橋駅の東口を出て、調べてあった「福島屋」までの道を歩いたときもそうだった。店のある北島町の隣の町の名は、船町である。豊川が近いようだ。いったん店の前を過ぎてそのまま行くと、川べりに出た。

目の前に広がったのは、たっぷりの水をたたえた、豊川である。広い地図を見れば、渥美湾にそそぐ河口はもう、すぐそこである。このあたり、魚介の豊富な土地であることが、地形からも、よくわかる。期待はさらに膨らんで、私は店へとって返し、まだ暖簾の出ていない店の前で、開店を待った。

一軒家である。平屋である。いかにもという民芸調ではない。看板と縄暖簾をうっかり見落とせば、飲み屋さんだとわからない。

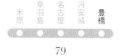

けれど、店の前には午後四時の開店を前に人の姿が見え、暖簾が出るのと同時に、次々に入店した。

五時になるころには、土間のふたつの丸テーブルも奥の小上がりも満席になる。混雑時の一席は三時間まで。そういう決めごとが必要なくらいに、愛される酒場である。店は、ご主人の徳島仁《とくしまひとし》さんと奥さんのふたりで切り盛りする。徳島さんが四代目。創業は大正時代の半ばまで遡る。

「昔は、豊川の上流域で伐採した木材を川に流して運び、このあたりで加工していたそうです。ここで、酒の卸《おろし》をしていた初代が、立ち飲みみたいなことを始めたんですね」

材木商の旦那や、現場で働く力自慢の男たちを相手に酒を売る。徐々に酒肴も出すようになる。ウナギ、タイ、ハゼ、セイゴなどが獲れた豊川は文字通りの豊かな川だった。俗にいう角打《かく》ちは、流行りに流行ったらしい。

その証拠が、空襲で焼かれたこの界隈の、戦後のエピソードだ。

「戦争が終わって、まずはみんなが飲む場所を再建しようと、このあたりの材木屋さんたちが焼け残った木材を持ち寄って、この店を建てなおしてくれたんです」

戦後の住宅需要が材木業者を潤したという背景があるにしても、復興の端緒が飲み屋再建であったところに、豪放な土地の魅力があると思う。

いい話を聞いて、やたらに嬉しい夕刻だ。さて、酒は何にするかと品書きを見て、燗酒を頼む。この店の酒は、岐阜の酒「千代菊」だ。燗つけ場は、コンロに古びた鉄瓶がひとつ。練炭で熱した湯の中で、徳利の酒はきりっと熱くなる。これが店の伝統。そして、うまい。

現在のように酒肴を増やしたのは先代で、朝一番に市場へ通って安くていい魚を仕入れたり、一方で鶏の肝を煮たり、足を焼いたりと奮闘した。豊川の天然ウナギを炭火焼きにして出前までしたという。

おいしいものを供する伝統は、今に受け継がれた。アジ、イカ、カツオ、フグにクジラなど刺身をはじめ、壁にかけられた札に魚介

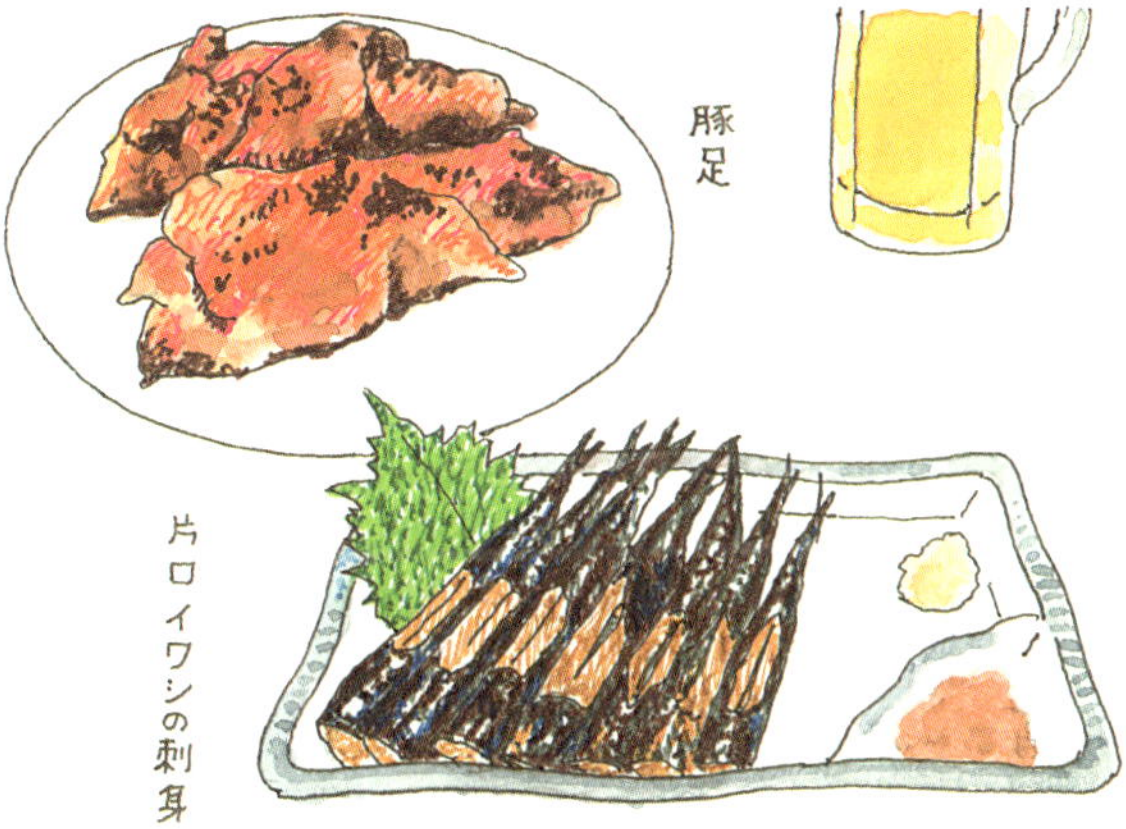

の名が並ぶ。一品目は、片口イワシの刺身にした。頭と腹と背びれを取っただけのイワシをショウガ醤油につけてから口へ入れて、ちょっと驚いた。幼いと言いたいくらいに鮮度がいいのに、しっかり脂がのって、口中で溶ける。思わずため息が出たのだ。

続く一品は、豚足だ。これは手づかみでガブリとやる。パリッと焼いた皮を齧ると、醤油の香ばしさとニンニクの香りが立ちあがってくる。おお！という気持ちが私の表情に出たようだ。

「それ、うまいでしょう」

隣の常連さんがにこにこ顔で私に言ったのだった。このイワシに、この豚足。いずれも初めて経験するおいしさだ。

毎日でも通いたい店が豊橋にできた。その喜びこそ、この年の春の、最大の収穫だった。

（二〇一五年六月号）

湯気立てて丼笑う夏の午後

北京本店〔三河安城駅〕

春の眠気もすっかり抜けるころになると、馬齢を重ねて少しばかりくたびれた私などでも、心うきうきとして、元気になる。

早朝から寝ざめはすっきり、飯がうまい、酒も、うまい。旅仕事の帰途には、瑞々しい車窓の風景に、子供のように見入ったりする。花の終わりから入梅までの時期は、一年のうちで一番好きな季節である。

ちょっとはしゃいだ気分が寄り道に導くのか。先日は、名古屋からの帰京の途中、駅のホームの「住よし」に入らなかった。いつもなら、好物のきしめんを啜《すす》って新幹線に乗り、車中少し飲んで帰京するのだけれど、この日はきしめんをパスした。

行き先は三河安城《みかわあんじょう》駅。店の名は「北京本店」。店を訪ねる目当ては、少し前に偶然

三河安城駅より徒歩約3分
愛知県安城市三河安城本町2-4-1
☎0566(75)0230
時11時〜14時30分(LO14時)、17時〜21時30分(LO21時)
休月曜

知った、土地のソウルフードである。

三河安城駅は新幹線の停車駅だが、停まるのはこだま号だけである。東京と名古屋や関西以西との行き来ばかりしてきた私はこの駅を、「この電車はただいま、三河安城の駅を時刻どおりに通過いたしました。あと九分ほどで名古屋です」という車内放送によって覚えたが、下車したことは、「こだま酒場紀行」で訪ねるまで一度もなかった。

駅についてみると、周囲はわりに静かである。繁華街がないし、いわゆる駅前の賑わいというものがそもそもない。そのかわりに、マンションが多いようである。東海道本線と新幹線が連絡する駅だが、どうやら、いわゆる街中は、隣の安城駅界隈にあたるらしい。

三河安城駅南口へ出て、ロータリーを渡る。「北京本店」はすぐに見つかった。県道沿いに建つたいへん立派な構えの中華レストランで、店舗は階段を上がった二階にあり、一階部分は専用駐車場というつくり。いわば郊外型の店舗である。

出かけたのは日曜日の午後。すでにランチ営業も終わる頃合いだったが、外階段を上がった店の入口には、大勢の人が待っていた。

まだ、営業中の案内が出ていたから、列の最後に並ぶ。しばらくすると、店員さん

北京本店〔三河安城駅〕

が来て、私の後ろに並んだ二人目のお客さんまでで、ランチ営業を終了させた。

ぎりぎりセーフ。これはラッキーだ。それにしても、店はたいへんな賑わいだ。みなさん、目的は、私と同じなのだろうか。

しばらくして名前を呼ばれ、入店する。カウンターやテーブル席のお客さんたちが食べている、あれが目当ての一品と察しがつく。

実は、料理の名前はすでに知っていた。北京飯というのだ。中華丼でも天津飯でもなく、北京飯。名前だけは知っているが、食べたことはない。さて、どんな一品なのか、楽しみだ。

広々とした店内には、カウンター、テーブル席、それから座敷もある。数人での会食や宴会にも対応できる、大きな店なのだ。ひとり客である私はカウンターに案内された。最初はビールと、餃子をいただこうか。

小ぶりの餃子がでてきた。その熱々のところを口に放り込んでハフハフやるのだが、皮も自家製ということで、パリパリっとした歯ごたえがなんとも心地いい。餃子のひとつ、ふたつを食べるうちにビールを飲み干し、ひと息つく間もなく、レモンハイに切り替えた。

さて、目当ての品がやってきた。

うっすらと湯気のたつ丼には、とろとろの卵がかかっていて、その上に豚肉の揚げものがのっている。三つのっている肉のひとつをまず齧ると、唐揚げである。サクサクとした歯ごたえが格別なのだが、卵とご飯と一緒に食べると、口の中で一種独特の卵とじに近い形に仕上がっているのである。

初めて見る料理だし、初めて体験する味だ。そのコクと甘み、さらには上質な豚肉の食感。文句なしにうまい。

聞けば店の歴史は半世紀にも及ぶそうで、私にそれを教えてくれた当代の店主、杉《すぎ》浦充俊《うらみつとし》さんは三代目であるという。

「祖父の時代のことなんですが、ある日、賄《まかな》いをつくっていて、調味料を間違えたらしいんですね。でも、それが、おいしいので、メニューにのせて出してみた。実はそれが、北京飯なんですよ」

賄いから生まれた素朴な味わいは、三河安城の地でウケにウケたようで、昨今、週末ともなると県外からの客もたいへん多いと聞く。

名物にうまいものなし、というけれど、これはまったくの例外。レモンハイをぐびりと飲んで餃子をまたひとつ口へ放り込み、さあ、二枚目の豚の唐揚げをいただこう。と思ったそのとき、ふと、私が屈みこんでいる丼（深皿といったほうが正確か）が、にっこり笑ったような気がした。

丼が笑うわけがない。私が笑ったのだ。

三河安城で半世紀にわたって愛されてきたソウルフードは、食べる人を陽気にしてくれる。豚肉のサクサクの表面ととろとろ卵のバランスがよく、昼下がりのレモンハイが、ことのほか、うまい。

（二〇一五年七月号）

汗引いて百年酒場の燗うまし

大甚本店〔名古屋駅〕

名古屋駅より車で約3分・徒歩約15分、もしくは名古屋市営地下鉄伏見駅より徒歩すぐ
愛知県名古屋市中区栄1-5-6
☎052(231)1909
時16時～21時、土曜は20時まで
休日曜・祝日

「酒」とだけ染め抜かれた黒い暖簾の前に、開店を待つ人たちと一緒に並んだ。夏の午後四時。額にも背中にも汗がにじむ。

名古屋市中心部、広小路伏見交差点のすぐそば。そんな大繁華街のど真ん中に、創業明治四〇年の老舗酒場がある。

「はい、お待ちどうさま」

まだ三分ほど早いが、「大甚本店《だいじん》」のご主人は、客を迎え入れた。欅《けやき》の壁が渋い光を放ち、店内には風格が漂う。入り口近くの檜《ひのき》の大テーブルの隅に案内されて、なぜか、胸がドキドキしてきた。

芝居や演奏会などの始まる前、私は演者でもないのに客席で極度に緊張する。あの

大甚本店〔名古屋駅〕

感じと似ている。

ドキドキはワクワクになり、大袈裟だけれど、すぐにちょっとばかり息苦しくなる。ちょうどそのとき、ご主人が最初の飲み物の注文を取り始め、勝手知ったる常連さんたちは酒肴の小皿がずらりと並ぶテーブルへ歩み寄り、思い思いの酒肴の小皿に手を伸ばす。

酒肴は魚介や野菜の煮物が中心で、その数は三十種類に及ぶ。さらに、奥の板場では、その日の焼き魚、煮魚、刺身の注文にも対応している。これだけの品数を午後四時の開店までにそろえるのはたいへんだろうと、いつか訪ねたときに伺ったら、仕込みは朝八時ごろから始まるということだった。

手を抜かない仕事は、開店時の大テーブルの上の賑々しさに現れている。酒肴の小皿が

びっしり。壮観というしかない眺め。見るだけでも満足したくなる。

ふと気がつけば、私の目の前の、「賀茂鶴《かもつる》」の樽をデンと据えた燗付け場では、すでにして女将さんが酒を徳利に注ぎ、燗をつけ始めている。

この広島の銘酒を、「大甚本店」では昭和十六年以来、ずっと樽で仕入れて客に供しているという。

樽の酒は、栓をひねって、大きな片口で受ける。大徳利には漏斗を通して注ぐ。一合徳利には、いったん枡で受けてから、さらに漏斗で流しこむ。枡には、底の裏側に柄がついていて、酒を満たしては徳利に傾ける作業を、スムーズに行なえるように工夫されている。

サッポロビールの大瓶を一本頼み、さて、小皿を取りに立とう。

今が旬だと、迷わずソラマメを選び、もうひと皿はカシワの煮ものにする。これは、鶏とゴボウとキンカン（体内で成長中の鶏卵）の煮もので、ビールにも日本酒にも実によく合う。

このうま煮を含めて、バイ貝味噌、芋ころ（小芋の煮っ転がし）、お浸しに、野菜煮、キュウリの酢もみなど、みんな二五〇円と値段も安い。

小皿のサラダや稚アユの煮付け（春夏に登場）、ダルマイカだろうか、小ぶりのイカの煮付けも実にうまそうである。

お客さんもさまざまだ。大テーブルの隅で、「いつものように」とだけご主人に告げた長老は、静かにゆっくりと燗酒を一本召し上がり、その間に小皿の酒肴を二種類つまみ、店が混み始める午後五時前には、すっと席を立たれた。

入れ替わりのように入店した若い男性は、初めて見るカフェテリア方式の酒肴選びに戸惑いながらも、「ここから好きなの取っていいんすか？」なんて屈託なく店員に声をかけ、楽しそうにつまみを選ぶ。

若いカップルは百年酒場の珍しさが嬉しいのか、なかなか楽しそうに飲んでいる。こういう人たちがこの老舗の次世代の客になっていくのかなと微笑ましく眺めていると、彼のほうがご主人に言った。

「レモンサワー、ください」

ああ、お兄さん。ここは日本酒とビールだけだよ……。私は声に出しそうになった。もちろんご主人もそう説明する。一方でさきほどの若い男性、小皿のお代わりをしつつ言う。

「白いご飯、ないですか」

まあ、屈託がないのはいいことだ。私は思わず笑いながら、どんどん楽しい気分になってくる。

汗もすっかり引いたことだ。燗酒をいただこう。小皿の追加はもろキュウと、ウナギの山椒煮。甘めの味噌とキュウリの爽快さ、そして山椒風味のウナギの香ばしさが格別である。それぞれ少しずつ小皿に残して、燗酒をもう一本。百年酒場の夏の燗酒、このうまさは比類ない。

ここで過ごす夕刻から宵の口にかけての時間は、ちょっとした宝物のような気もしてくる。お店のご主人に伺ったら、名古屋へ赴任されたり、出張でこられたりしたビジネスマンが、地元へ帰ってこの店のことを話すから、ここには名古屋近郊の方ばかりでなく、全国各地、それも、かなりの遠方からのお客さんも多いという。わかる、わかる。うんうんと頷きながら、私はそのお話を聞いた。

（二〇一五年八月号）

吐く息に夜寒のモルト香りけり

BAR BARNS〔名古屋駅〕

名古屋で少し飲む時間があれば、広小路伏見の名店「大甚」を目指すことが多い。けれど、今夜は最終の新幹線まで飲んでもいいというようなラッキーな晩ならば、ぜひとももう一軒、バーに立ち寄りたい。

「BAR BARNS」。伏見交差点から歩いて五分ほどのところだから、ぶらりと立ち寄るには最適だが、なによりここは、全国的にも名前のとどろいたバーなのである。オーナーバーテンダーの平井杜居《ひらいとおる》さんが店を開いたのは二〇〇二年のことだ。それ以前に、名古屋屈指の名店「オー・ド・ビー」のバーテンダーとして研鑽を積んだという。

私も東京のバーマンたちから、今はなき「オー・ド・ビー」の名は幾度となく聞い

名古屋駅より車で約5分、または名古屋市営地下鉄伏見駅より徒歩約5分
愛知県名古屋市中区栄2-3-32 アマノビル B1F
☎052(203)1114
時18時〜26時(日・水曜、祝日は24時まで)
休不定休

ていたのだが、出会いのチャンスに恵まれず、とうとう行かず仕舞いになった。

平井さんがその名店から独立した後、すでに十五年が過ぎている。これまで全国各地の酒場をずいぶんと訪ね歩いてきた私だけれど、名古屋の酒場については、自分でも不思議なほど知らない。関西からの帰りに、素通りしてしまうことが多かったためと思われる。

そんな事情もあって、この店の扉を初めて開け、平井さんにお会いしたのも、実はつい最近のことである。

最初は飛び込みで入ってみた。

ひとりだったから、幸いなことに、カウンターの隅に席をとることができた。人気店では好運と言わざるを得ない。

さっと店を見回す間もなく、スタッフのバーテンダーが前に来て、いい笑顔を見せた。媚びず、気取らず、気負わず。三拍子そろっている感じで、それだけでほっとする。内心で、このバー、当たりだなと、思う。

ジンリッキーをいただく。初めての店では必ずジンリッキーにしているのだ。

飲み物を決め打つ。これも一種の定点観測だが、慣れてみると、同じ名前の一杯に、店の個性が驚くほどはっきりと出る。だから、マティーニでもスコッチのソーダ割りでも、なんでもいいのかもしれないが、私の定点観測はジンリッキーと決めているのだ。

ほどなくして、平井さんが挨拶に来てくれた。初顔のひとり客をオーナー自らがもてなす。こういう配慮は、初めての客にはひどくうれしいものだ。

この晩は、すでに下地をつくってから訪ねたので、少し強い酒がほしくなっていた。そこで、カクテルよりはモルトウイスキーにしてみたところ、平井さんは、豊富なシングルモルトの品ぞろえの中から、「カーデュ」「ベンリアック」そして「ザ・マッカラン」の十二年、さらに、同じ銘柄のシェリー樽熟成の少し若いものを提供してくれた。

客においしい酒を飲み分ける楽しみを存分に味わってもらうことを目的に、こちらの店ではハーフポーションの注文にも対応してくれる。おいしい酒を少しずつ、酔わずに味わうことができる。これも、実にありがたいサービスだ。

この最初の晩は、短い時間だったが、店の評判が高い理由のいったんはしっかり理解でき、機嫌よく酔って、店を出た。

次に訪問したのは翌々日のこと。いい店を見つけると、チャンスがあれば続けざまに行ってみたくなる。いいバーに共通するのは、奥が深いことだ。酒の種類だけでな

タリスカー2種

く、バーテンダーと顔見知りになることで開ける世界もまた奥が深い。それを予感させる店に出会ったならば、もっともっと知りたくなるのは、人情というものでしょう。

　出かけたのは夏のことで、一泊の取材をすませて名古屋へ戻ったその晩に、写真家と編集者と私の三人分の席を用意していただいた。

　編集の女性はウォッカベースのスイカのカクテル。写真家はニッカ「宮城峡《みやぎきょう》」のソーダ割り、私はウイスキーサワーを頼む。

　黙って飲んでいると、同行のふたりから小さな歓声があがった。うまいのだ。連れてきた身として、これほどうれしいことはない。

　私のウイスキーサワーはソーダを入れないスタンダードスタイル。スコッチベースだが、和歌山産の熟成レモンの、独特の甘みが格別だ。帰りの新幹線まで、あまりのんびりもしていられないのだが、やはりモルトウイスキーの誘惑に逆らえない。スカイ島産の「タリスカー」という銘柄を注文すると、珍しい、六年ものと八年ものが出てきた。いずれも初めて飲む、限定品。一昨日は、スコットランドのスペイサイドのウイスキーを楽しんだが、今夜は西側の島でつくられる潮の香の漂う銘柄を堪能し、これを締めとして、名残り惜しい店を後にした。

階段を上がって地上へ出ると、吐く息に、ふと、モルトウイスキーの香りが漂うような気がした。

寒いくらいの晩秋の夜に訪ねたら、モルトはさらにうまいだろうなと思う。次は秋か、冬だな。頬にしみる風の中を、ほろ酔いを醒ましながら歩くのもまた格別だろう。

（二〇一七年六月取材）

列車行き闇の底から蛙啼く

一品料理　勝時〔岐阜羽島駅〕

岐阜羽島駅より徒歩で約8分
岐阜県羽島市福寿町浅平2-24
☎058(391)8223
時17時～24時(LO23時30分)
休日曜

東海道・山陽新幹線のグリーン車搭載誌「ひととき」に三年半にわたって連載いたしました「こだま酒場紀行」。本書を冒頭からお読みくださった方にはおわかりいただいていると思いますが、この連載、新幹線の各駅停車である「こだま号」の各駅で下車して酒を飲むという、なんともお気楽な飲酒紀行であります。

けれど、お察しのとおり、そこには、苦労がないわけではない。なにしろ、知らない街を歩くのだから、どこに飲み屋があるのか、ないのか、それすらわからぬ、という土地がある。

ネット検索すれば、おおよその街場の位置はわかります。また、すでにしてネット上で評価の固まっている店を訪ねるならわけはない。けれど、それじゃつまらないから、歩いてみて、よしここへ入ろうと思わせる店に入りたい。そういう観点で、岐阜《ぎふ》羽島《はしま》駅界隈では、ちょっと苦労をした。まったく街がわからないからである。

岐阜羽島駅は、岐阜市や大垣市などの県中心部からは少しばかり離れている。どんな寄り道ができるか、しばし迷うところである。

岐阜駅方面へ向かうなら、新羽島から名鉄で名鉄岐阜まで三十分はかかる。タクシーを使うには、ちょっと遠い。

大垣についても同様で、あまり近くはないから、「こだま紀行」である以上、岐阜羽島駅界隈で探索しなくてはならない。

六月末の某日、私は北口のロータリーへ出たのだけれど、どっちへ向かったらいいか、それさえ見当がつかなかった。

それでもめげることなく、少ない情報を頼りにぶらぶらしていたら、実は、大して時間をかけることもなく、いい店を見つけたのだ。

常連さん率が高そうな、ごく小さな居酒屋である。開店と同時に、店に入った。

カウンターの、いちばん出入り口に近いあたりに席をとる。奥はきっと、これから来る人たちの馴染みの席ではないかと思うからだ。

まずは、生ビールをいただく。壁の品書きを見ると、ちょっと変わっている。サラダに串もの、刺身やおろし明太子、さらにはポテトフライといった定番つまみがあるのだが、その横にある数枚の貼り紙を見て、驚いたのだ。

一枚の紙に二、三品の酒肴の名が書かれているのだけれど、「キムチ炒飯　豚トロ塩炒飯」の中華系があるかと思えば「生モッツァレラとトマトのカプレーゼ　アボカドと生ハムのイタリアンサラダ」というイタリア系もある。さらには「神戸のオムソバ　大阪豚平焼《とんぺい》」。これは、関西系だ。

おもしろい店に飛び込んだなと見回すと、さらに品数を絞ったおすすめの品書きが目に入った。そこには、天ぷら、麻婆豆腐、ホッケ焼きに、なんと博多風焼きラーメンなるものまであるのだ。

さらに見回すならば、ラーメン専用品書きもあるではないか。「しょうゆ　しお　しおバター　みそ　みそバター　とんこつ」と書いてある。最後の豚骨というあたりに、そこまでやるかと痺れるのであるが、驚愕ついでに尋ねれば、店のご主人、瀬上泰正《せがみやすまさ》さんはさらっと答えた。

「うどんもありますよ。あの、マンガの『深夜食堂』ではないけれど、お客さんに言われたら何でも作ります」

もちろん、材料と手間暇が許せばということではあろうけれど、宴会終わりの常連さんに、天津飯、酢豚、カツ丼までこしらえたことがあるというから、そのサービスぶりは、傑作漫画の主人と同じなのかもしれない。

私の席からは瀬上さんが作業をするカウンターの内部が見えるのだが、その背後の棚に、ラーメンの丼が四つ、重ねられていた。気分よく飲んだ夜の締めくくりにラーメン、うどん、丼物はたまらんだろうな……。私は常連さんたちを羨ましく思いながら、自分の酒肴を頼んだ。

まずは、ハマチの刺身。立て続けに、黒毛和牛の上肩ロースの網焼きをお願いする。

酒はレモン酎ハイにかえる。「天領」、「千代菊」といった、この店がすすめる岐阜の銘酒が手元のハマチには合うのは承知の上

で、ほどなくして和牛の網焼きが来るだろうからと、サワー系に切り替えたのだ。

しばらく飲んでいると、ひとり、ふたりと、お客さんがやってくる。みなさん、店主とは顔見知りのようで、ひと言ふた言かわすその姿がさりげない。仕事を終えた夕刻の、このひとときは、イチゲンの部外者である私の目にも、格別に見える。

焼酎のロックもいただき、ほろ酔いの一歩手前くらいで、店を出た。

駅に戻ると、ホームにいい風が吹いている。

新幹線の停車駅だが、米原方面のホーム先端の先は、薄闇である。

列車が一本出ると、ホームの上は、静けさに包まれた。静かな闇の底から盛大な蛙の声が聞こえる。どうやら、この闇の底は、田んぼのようなのである。

（二〇一五年九月号）

地鶏喰う合い間合い間の冷やおろし

居酒屋 彦一〔米原駅〕

東海道本線彦根駅より徒歩約2分、または米原駅よりタクシーで約15分
滋賀県彦根市旭町9-8
☎0749(23)2011
時17時～24時(LO22時45分)
休無休

米原《まいばら》駅は琵琶湖の東岸。ここから近江八幡、草津を巡り、大津の先で県境を超えると京都に入る。

母方の祖先は近江の人と聞かされながらついぞ縁がなく、近江といえば旧能登川町にのこる古い商家を、仕事がらみで二度ほど訪ねたに過ぎない。ちなみにこの商家は、我がルーツとはおそらくなんの関係もない。

つまり、米原に土地鑑はない。飲み屋のある街角の見当もつかない。それで、これぞという思いもないままに在来線の隣駅の彦根まで足を延ばしてみた。彦根には、日本の名城百選に選ばれた彦根城がある。その城下町で一杯やりたいと思った。

関ヶ原の戦いで功績を残した、徳川四天王井伊氏の城で、築城は江戸の初期。尾張

や越前の大名らも手伝っての大普請の末に完成したという。わが国きっての名城のひとつであるが、この城、彦根駅からだと歩いてすぐである。のんびり、ぶらぶら散歩するうちに城へつく。もちろん、そこからが懐の深いところで、天守閣まで回ろうと思えば、それなりに時間も体力も使う。けれども、天守閣からの眺望も楽しめるし、城のさらに先は琵琶湖である。

城下のお堀のあたりには茶屋やそば屋などもあり、休憩にもいいから、午後の時間をゆっくり使って散策を楽しむ手もある。

さて、夕刻になったら酒である。駅まで戻る一本道の左側にいい飲み屋を見つけた。駅前の店と言っていいほど駅に近いから、ここなら、帰りの電車の時刻の少し前まで、気ぜわしい思いをすることもなく、過ごすことができそうだ。

店名は「居酒屋 彦一《ひこいち》」。間口はさして広くないものの奥行きのある店で、長いカウンターにテーブル席、さらに奥には座敷もある。ひとりでふらりと気軽に立ち寄るのは都合のいい構えである。

カウンターに席をとったら、まずはビールを一杯。少し歩いた後だし、訪ねたときは盛夏であるから、なにしろビールがうまい。つまみには、店長の井上拓摩《たくま》さんから近江の鶏をすすめていただいたので、それを、たたき（夏に登場）で試してみることに

居酒屋　彦一〔米原駅〕

した。

じっくりと飼育した近江鶏だという。串を打って炭火で焼いてもうまいだろうし、刺身でも、もちろんいいだろう。それを、あえて、たたいてもらったのは、皮を軽く炙るというからだ。

あくまで個人的な好みの話ではあるが、炙った皮は、鶏肉にしろ、アイナメなどの魚にしろ、たいへんうまいと思っているのだ。ついでに言うと、鶏モモ肉の素揚げなども、パリッとした皮と、柔らかな肉のコントラストにうまさを感じるようである。いやこれは、そもそも鶏の皮そのものが好きであるという、それだけの話であるかもしれない。

たたきは、おろしたショウガをのせてから、醤油にちょっとつけていただく。しっかりと歯ごたえがあり、後味もきれいだ。このまま生ビールのお相手をさせたのではもったいないか。そんな気にもなって、近江牛のスジ煮込みと一緒に、清酒をもらうことにした。

さて、何にしようか。「金亀」「七本槍」「不老泉」など、滋賀の酒、各種が揃っている。井上さんによると滋賀の酒はいずれもしっかりした味わいの銘酒とのことである。「不老泉 山廃仕込 純米吟醸」をいただく。鶏のたたきと、牛スジの煮込みに、純米吟醸の冷酒をあわせるのだ。山廃仕込の深みをしっかりと感じさせる酒は、質のいい肉に合う。淡麗なだけの組み合わせとは違う、愉快な相性だと思う。

それにしても、不老泉、うまいなあ……。と、思いながら、この号が読者諸兄姉の手元に届く時期が、ちょうど「冷やおろし」の季節であることに気づく。

ちなみに、春に火入れをした酒をひと夏の間熟成させ、秋に出荷するものを「冷やおろし」。という「秋あがり」という呼び名もあるそうだ。

できたての新酒より、ひと夏を越した酒こそうまい。そう思う人も多いようで、私なども、秋口の酒屋さんの店頭に、「冷やおろし入りました」なんて文字を見ると、まよわず一升瓶を一本買ってしまったりする。

以前は十月を前に店頭に並んだ気がするが、昨今では早い蔵だと八月から出荷が始

居酒屋　彦一〔米原駅〕

まるようだ。少しばかり気が早いけれど、「冷やおろし」は秋を先取りする言葉。私にとっては俳句の季語みたいに響く。

爽快と言いたくなる味わいの鶏のたたきをひと切れ食べては、冷酒を口に運び、さらにまた、ひときれ食べては酒を飲む。そして、今年の冷やおろしで、もう一度、同じことをしたいなと思っては、ひとりでにやけるのだ。

口に運んだ牛スジが甘くとろけると、ああ、これは燗酒にも最適であるな、などと、夏の暑いさなかにほくそ笑む。いかにも軽薄だが、これはこれで、たいへん楽しいひとときだ。

（二〇一五年十月号）

コラム②

酒場選びは第六感頼みで

さあ、飲もうと決めて、どの店に入るか。そこで、あれこれ迷うのも、知らない土地で飲むときの楽しみのひとつでしょう。

あらかじめ調べておく。街を歩きながらスマホ検索を駆使する。あるいはまことに僭越ながら本書を参考にしていただくなど、方法はいろいろです。

私自身、あれこれと手段を講じる。けれど、いつも頼りにしているのは、店の前まで足を運んでみることです。

店の構えを見る。流行っていそうだな、と、ピンときたらほぼ正解。同じ土地で長く営みを続けていそうだな、と察しがついたら、これも心強い。あとはガラリと扉を開けて入ったときの第一印象。あ、いいな、と思ったら、それはほかならぬ私と肌が合うということ。

甚だ感覚的で恐縮なるも、実際に第六感で選んだ店では、酒肴はおいしく、店主や女将さんとの対話もスムーズで、若い人がよく言うコスパもいいと感じるものです。

京都〜兵庫

京都
新大阪
新神戸
西明石
姫路
相生

旅終えて都の月と偲ぶ君

祇園サンボア〔京都駅〕

京都駅よりタクシーで約10分、または京阪電鉄京阪本線祇園四条駅より徒歩約6分
京都市東山区祇園町南側570-186
☎075(541)7509
時18時〜25時(LO24時30分)、日曜・祝日は24時(LO23時30分)まで
休月曜

大阪以西、岡山あたりまでのエリアで用事をすませ、あとは帰るばかりというときに、少しばかり時間に余裕があると、京都に寄りたくなる。少し生意気なもの言いかもしれませんが、この十年ほどの間は、年に一度くらいのペースでそういうことをしてきた。

用事というのは、大阪神戸あたりでの取材のこともあれば、阪神競馬場や京都競馬場でのひと勝負ということもある。帰る先は東京なので、京都は途中駅ということになる。

立ち寄りの目的は酒。帰京する前に一杯やって帰ろうということである。いや、このまま帰りたくない、というのが本音に近い。

祇園サンボア〔京都駅〕

いずれにしても、最終の新幹線に間に合えばいいわけで、目当ての酒場がある祇園まではタクシーで十分もみておけばいいのだから、六時前後に京都なら一杯やるのにちょうどいい。寄らない手はないのだ。だから私は、夕刻に京都を通るときには、再入場のきく乗車券は東京都区内まで買うが、新幹線特急券は、ひとまず京都までにしておく。

寄りたい店は、「祇園サンボア」というバーである。主の中川立美《なかがわたつみ》さんとは同世代で、初めて会った十五、六年前から、歩みを揃えるようにして年齢を重ねてきた感がある。これは私の勝手な思いだけれど、三十代の後半から五十代の前半までを一緒に過ごしてきた気がするのだ。中川さんも、会うたびに、やあ、久しぶりだね、という顔で迎えてくれる。

ただし、祇園の名門バーだからいくら親密な気持ちをもっていても、気を緩めてはいけない。少なくとも、そう自らに注意してきた。

飲むのはジンベースのカクテルか、ウイスキー。ここの、少し濃いめのハイボールは格別で、酒好きの心と舌を満足させる。

渋皮付きのピーナッツもホットサンドもいい。うまさはさりげないのだけれど、そこに、もてなしの質が現れている。うまいものを出そういう気質のことだ。言い方は抽象的に過ぎるかもしれないが、このあたりの感覚、何度か行けばそれと気づく。他との違いがわかる。

長い酒になって、当初の思いとは裏腹に京都駅へ戻る気力が失せてしまうこともある。とはいえそろそろ店を出ないと最終に間に合わない。

「ホテル、とりましょか?」

このひと言に甘えて、近くのホテルに泊まったことが二度ある。

今夜の最終と明朝一番を天秤にかけて、後者が重くなっただけのことだが、そういう晩は、中川さんに何度もお代わりを頼みながら、実にゆっくりと飲むことになる。

店を出て、祇園の細道に立つとき、気分の悪かった試しがない。

這ってでも帰ることのできる宿へ向かうにしても、中川さんに見送られて名残り惜しさをかみしめつつタクシーに乗り込むにしても、いい酒を飲んだなと呟きたくなるような、晴れやかな気分に満たされている。

今年はぜひ、秋に行きたい。店を出て四条大橋まで歩き、ほろ酔いで月を眺めてみたい。十月下旬だと、十三夜のころだろうか。

＊　＊　＊

右は、二〇一五年九月に書いた連載の原稿だが、主の中川立美さんは、翌年の正月、

祇園サンボア〔京都駅〕

急逝された。お互いの体調を気遣うような間柄だったし、いつか一緒にイタリアへ行こうなんて話もしていた。中川さんは摂生していたから、安心してもいた。訃報に触れて、足元を掬《すく》われた気がした。

あまり間を置かぬようにして店を再訪したときは、息子さんにお会いできたが、それからご無沙汰をした。中川立美さんのいない京都に足が向かなかった。立美さんは私にとって、顔見知りのバーテンダーというよりは古い友人のような存在になっていたのだと、その頃気づかされた。

一周忌も過ぎてしばらくたった二〇一七年五月に訪れると、中川歓子《よしこ》さんがカウンターに立ってくださった。立美さんのお母様で、女手ひとつで長らくこの店を守った、かつてのママ。尊敬する山口瞳さんの文章でだけ知っている歡子さんと直接お話しすることができた。立美さんの人となり、山口先生とのお付き合い、それから、なにしろ丈夫なご自身のお話。短い時間だったが、私には貴重なお話ばかりで、ただただ、嬉しかった。

この店の二十周年のお祝いにと山口先生が書かれた短文が小冊子になっている。歡子さんがそれを見せてくださった。これは立美さんもとても大事にされていた短文だ。姿勢を正して、それを読む。慈愛に溢れた簡潔な文章が、改めて心にしみた。

店を出てしばらく歩く。橋の上から見上げるが月は出ていない。まだ、なのか。それなら今夜は京都に泊まることにして月の出を待ち、月と一緒に立美さんを偲ぼうか――。いや、立美さんこそ、祇園の夜を照らす月か――。

十三夜の月もまだ見ていなかったと思い返しながら、私はしばらく、空を見上げていた。

（二〇一五年十一月号に加筆）

燗つけて秋夜にひらく古酒の華

初かすみ酒房　梅田店〔新大阪駅〕

新大阪駅より東海道本線で大阪駅下車、徒歩約10分
大阪市北区芝田1-7-2
阪急かっぱ横丁1F
☎06(6373)7277
時17時～23時（LO22時30分）、土・日曜、祝日は15時～23時
休2・4・6・9・11月の第3水曜

秋は清酒です。いきなり断言口調で恐縮ですが、収穫したばかりの米でつくられる新酒にしても、寒いうちに完成した後でひと夏を越してきた酒にしても、酒肴のそろう秋に嗜むのは、やはり格別というものだ。

ということで大阪での寄り道のテーマは早くから日本酒と決めていたのだが、さてどこをお訪ねしようかと、しばし悩んだ。

そこで日本酒の世界に滅法詳しい山内聖子《やまうちきよこ》さんという目利きに相談したところ、間髪入れずに教えてくれたのが「初かすみ酒房」なるお店である。

いわく、

「千日前《せんにちまえ》と難波にも店はあるが、新大阪駅から近い阪急かっぱ横丁の一軒がいいでし

ょう」

カウンターがあって一人でも気楽に入ることができるし、奈良県宇陀《うだ》市の久保本家酒造の直営店だから、直営ならではの珍しい酒も飲める。銘柄としては「初霞《はつがすみ》」と「睡《すい》龍《りゅう》」を覚えておいてください……。

事前にそういう情報を手に入れてからの訪問ゆえ、店に入るや否や、品書きに目を走らせるのだが、生酛《きもと》造りの酒に加え、五年熟成の古酒や、ドブロクなども用意されている。もちろん、蔵元自慢の純米吟醸や大吟醸も手ごろな価格で用意されている。

この店、大当たりだな。

まだ、ひと口も飲む前からそう思うのは、酒肴のメニューに、酒好きが思わずにやりとするような、なんとも魅力的な品々が書かれているからなのだ。

元禄十（一六九七）年創業という老舗中の老舗であるこの酒蔵が、平成になって生酛造りに力を入れ始めたのは十年ほど前のことで、現在では全生産の半分を生酛造りにしているという。

麹と米と水で酒のモトとなる酒母（これを酛《もと》という）をつくるのだが、このとき、人の手と、蔵に棲んでいる天然の細菌の力を借りて、じっくり丹念に時間をかけるのが、生酛造りの特徴だ。腰のしっかりした強い酒に仕上がる。この晩わざわざお店へ顔を出して下さった蔵元十一代目当主の久保順平社長が教えてくれた。

「米のでんぷんをブドウ糖に変える糖化力と、ブドウ糖をアルコールに変える発酵力。この両方を強くしてバランスを保つことで、辛口の、キレのいい純米酒を造ります」

まずは純米大吟醸をいただく。これは生酛造りではないようだが、ひと口飲んで意外だったのは、吟醸《ぎんじょう》香《か》がやや抑え目であること。華やか過ぎる吟醸香に辟易《へきえき》気味の昨今の私には最高の一杯だ。

久保本家は、奈良県の老舗中の老舗だが、長く、地元の酒蔵に酒を売る「桶《おけ》売り」中心の時代が続いたという。どうすれば、自分たちの伝統に見合った酒造りができるか。かつては金融機関のロンドン支店勤務も経験して

いる久保社長は悩みに悩んだという。

イギリス人のように古いものを大切にしながら、新しいものを提供したい……。

このとき、生酛造りにたどり着く。実際に酒造りの陣頭に立ったのは、日本酒業界ではたいへん有名な加藤克則杜氏。日本酒好きが集まる店で、名前を聞いたことがあったが、あの名人の酒がこれか、と思うと、味わいもひとしおである。

酒肴には小鉢を三つ頼んだ。

酢締めしたサバとねぎと昆布を酒粕で和えた「蔵元秘蔵和え」に、麹をまぶした自家製の「初かすみ塩辛」と、塩を加えて五年寝かせた酒粕にクリームチーズを漬けた「クリームチーズ塩粕漬け」。少し、強い風味のものが、よく合う。

ということは、これからの季節、おでんをつまみながら、というのも悪くないだろう。各種、煮込み料理にもいいだろうから、煮込んでから時間がたって、少し味が強くなりすぎたイカ大根とか、いや、イカならば、ワタと一緒にホイルで焼くのも良さそうだ。

たちまちにして想像は膨らみ、頭の中ではほどよく漬かったカブの糠《ぬか》漬けなんかも映像が浮かんできている。

さて、次なる一杯は、生酛造りの純米吟醸だが、なんと五年熟成させた古酒である。

初かすみ酒房　梅田店〔新大阪駅〕

これを燗でいただく。工夫を凝らした肴と生酛造りの古酒の組み合わせは、酒好きをしばらくの間、黙らせる威力をもっている。

続いて、同じく生酛造りの「どぶ」。つまり発酵途中のドブロク様の酒である。これも、燗でもらう。にごり酒なのに、甘ったるくなくさらりと辛い。それでいて、しっかり、どっしりしている。鍛えられた酵母の発酵力のなせるわざだ。

うますぎて、酒が止まらない。

冷やおろしを頼むと、なんと四度の夏を越した酒が出た。こんなの初めてだ。

古酒の華がひらく晩、私の心も延々と、開きっぱなしだった。


（二〇一五年十二月号）

途中下車秋の堂島ハイボール

堂島サンボア〔新大阪駅〕

新大阪駅より東海道本線で大阪駅下車、徒歩約12分
大阪市北区堂島1-5-40
☎06-6341-5368
時17時～23時30分、土曜は16時～22時
休日曜、祝日

大阪で宿泊するときは、淀屋橋界隈のホテルを探す。キタに近く、ミナミも遠くなく、翌日京都へ移動するときなどは、京阪電車で一本。便利なのである。

堂島川を渡ると、すぐに、北新地だ。一泊するなら、何軒か寄りたい店もある。泊まるほどの余裕はないが、帰りの列車までに少しばかりの時間をつくることはできる。そんなときは「堂島サンボア」がいい。平日は午後五時、土曜日は四時から開けている。

磨き上げているのは、カウンターや、その縁《へり》に設えられた真鍮《しんちゅう》のバーや、グラスだけではない。この店に入ると、店内に満ちる落ち着いた空気までが、よく磨かれていると感じるのだ。だから、あくまで個人の意見というか感想だけれど、ふらりと立ち

堂島サンボア〔新大阪駅〕

寄るのは、早い時刻がいい。

　創業は昭和十年。中之島で営業をはじめ、その後、堂島に移転、現在の建物の建築年が昭和三十年という、大阪きっての老舗である。

　三代目のマスター、鍵澤《かぎさわ》秀都《ひでと》さんが流麗な手つきで、ハイボールをつくってくれる。「山崎」や「ボウモア」といったシングルモルトをベースにする人もいると聞くが、私はやはり、この店へ来たら、「角」のハイボールだろうと思っている。

　ベースのウイスキーの分量はダブル。炭酸は一本をすべて注ぐ。氷を使わないかわりに、ウイスキーも炭酸も冷やしてある。

　グラスの横に添えられた皿には、渋皮のついたままのピーナッツ。皮のしぶみがまた、爽快なハイボールによく合う。

盆が過ぎ、やがて彼岸という季節でも、まだまだ、猛暑と呼びたい日は何日もある。けれど、夕方から風が出れば、街路樹が夜露に湿る季節まで、もうさほど遠くない。そんな宵の口に、伝統の店で、昔と変わらぬというハイボールを二杯か三杯飲む。そんな寄り道をするのも悪くない。

日ごろ通いなれたおなじみさんと違って、こちらは通りすがりではあるが、通りすがりにも、いっときの贅沢、という心意気は、あっていい。

おなじみさんは、自分のお好きな時間に来て、さっと飲んで、帰っていかれる……。鍵澤さんからいつか、そんな話を聞いた。

ならば、気を使わず、同じ流儀で構わないだろう。そう思いながら、この店に初めてきたときのことを振り返る。

これがバーなんだな。最初の印象がこれだった。古びたスタンディングのカウンターにつく常連さんたちの、なんともスマートな姿。

飲み方が洒落ていた。バーというと、ひそひそ声で話しながら、一杯の酒をじっくり味わうところ、というイメージを勝手にもっていたのだが、その日のこの店に集う常連さんたちの流儀は違ったのだ。

黙っていたかなと思えば、ふと、マスターに話しかける。マスターのほうでも、気さくに答える。声音《こわね》はごく普通で、気取ったところがない。

それから、酒が速いのだ。ぴったりの表現が見つからないのだが、単にペースが速いというのとも異なり、なんというか、テンポがいい。それも、自分のテンポで、二杯、三杯と、あっという間に飲む。そして、勘定をして帰る。一時間をかけた人が何人いたか。

私の場合、風格のあるバックバーやボトルの上に飾られたデンマーク製のシックな絵皿などに目を奪われるうち、すぐに時間が過ぎてしまうのだが、常連さんたちは、今さら店の造作などに目をやるまでもなく、ただ、自分のペースで、自分のほしい量だけをささっと飲んで帰るのだ。常連さんたちのやり方は、いかにも街っ子のそれで、私はさながらお上りさんだった。

しかし、今、思えばそれも懐かしい。

列車の時刻から逆算して、ハイボール三杯までと決め、二杯目を注文する。そのとき、ハムチーズサンドも忘れず追加した。

ほどなくして出てきた皿を見て、にんまりとしてしまう。これ、これ、このサンドイッチだ……。

これも初めて来たときの話だ。まだバーで飲むことに不慣れだったが、私はたしかこれを、頼んだのだった。

一見して変哲もないサンドイッチである。勝手な想像だけれど、イギリス人が釣りに行くときに弁当にしそうな、素朴なサンドイッチである。

これが、うまい。サンドイッチをひと口。ハイボールをごくり。ピーナッツをふた粒。ハイボールをごくり。三角食べよろしくリズムができて、スタンディングカウンターの居心地はさらに増していく。

三杯が終わるまで一時間。少しは飲み方がスマートになっただろうか。さて、帰ろう。

店の入り口ドアの上から窓にかけて配した蔓薔薇《つるばら》は、五月がいいという。よし、次の寄り道は五月と決めて、新大阪駅を目指した。

（二〇一七年九月号）

グラス置くひととき薪の爆ぜる音

YANAGASE〔新神戸駅〕

新神戸駅より徒歩約12分、または神戸市営地下鉄西神・山手線三宮駅より徒歩約10分
兵庫県神戸市中央区山本通1-1-2
☎078(291)0715
時17時30分〜24時(LO23時30分)
休無休(年末年始は休業)

神戸というと港を思い浮かべるが、六甲山や有馬温泉にも近い。新神戸で下りて寄り道をしようと考えたとき、ふと、温泉で一泊したいと思う。いつものことだけれど、それこそ贅沢な気まぐれというもの、果たせぬ夢のひとつだ。

逆に、港方面へ目を向けるなら、三宮《さんのみや》、元町界隈に魅惑的なスポットは山ほどあるし、三宮までなら地下鉄でひと駅。タクシーなら十分もみておけばいい。

駅前からひとまず北野坂を目指し、その途中から右へ折れるか、北野坂へ入らず不動坂をのぼるか。いずれでも時間はかからない。坂の途中の交番の近くの、とある建物の外壁には蔦がからんでいる。一階部分に簡単なメニューが提示されているが、入り口は、途中で折れ曲がる外階段を上がった二階にある。

ここが、二〇一六年には開業から半世紀を迎える老舗バー「ＹＡＮＡＧＡＳＥ」。扉を開けてカウンターに近づくだけで、他の店では味わうことのできない空気に包まれる。目の前に広がる店内の光景も、その雰囲気も、なんと言うべきか、深いのである。コートと手荷物を預けて椅子に座り、重厚なバックバーと対峙する。欅の一枚板のカウンターを、昭和四十一年から使い続けているランプシェードからもれる温かな光が照らしている。

背後には低い椅子を配置したテーブル席がある。この風情も、昔の映画を見るようだ。

チーフバーテンダーの村井《むらい》勇人《はやと》さんに、ジントニックを頼む。村井さんは、創業以来この店のカウンターに立ち続ける中泉《なかいずみ》勉《つとむ》さんの薫陶を受け、いま、カウンターを任されている。初対面のときはまじめ一辺倒の硬い印象を受けるかもしれないが、話してみると気さくな人で、まだ好青年と呼びたくなるような瑞々しさを併せ持つ。

バーは人、と日頃から思っているので、重厚な雰囲気とバーテンダーの真摯さというふたつの魅力を兼ね備えるこの店は稀有なのである。

お代わりにウイスキーサワーを頼む。ウイスキーのご指定はと訊いてもらって、「ザ・マッカラン」と告げる。

甘さはどうしますか……。ウイスキーサワーは甘いほうがうまいと思っているのでそう告げると、私もそうですと言って、村井さんはにこりとわらった。

シェークの音がしばし響いて、美しい一杯が供される。ひと口含んで、文句なしと笑みがこぼれた。

隣のお客さんが、シングルモルトの話で盛り上がっている。シェリー樽仕込みの限定ものを試しているのだ。ちょっとした興奮が声に滲んでいる。

次は、あれだな……。私はこの晩の三杯目を隣の客にあやかることにして、ウイスキーサワーのグラスを置いて、しばし、黙った。

左の暗がりからパチッと音がした。暖炉で薪《まき》が爆《は》ぜたのである。店では十一月から冬の寒い間、暖炉に火を入れる。薪はそのためだけに取り寄せる桜と椽《くぬぎ》。炉の中でちろちろと火が揺れて、天然の薪を燃やす匂いが店内に漂う。

私もモルトを頼んだ。国産の限定品で、ひと口飲んで貴重なウイスキーだとわかる。これは、うまい。

出張時に寄る人も多いから週末も祭日も店を開けるという。こんなバー、ほかに知らない。

＊　＊　＊

右の原稿を書いたのは、二〇一五年だった。その前年に訪れたときも、やはり冬に出かけ、暖炉の火を見た。この店に行く楽しみのひとつと思っていたから自然とそうなったのかもしれないが、今年、二〇一七年の訪問は、五月になった。

それよりひと月前、創業時からカウンターに立ち続けた中泉マスターが引退した。地元紙の記事で知った私は不安になった。バーの代替わりはとても難しいと、聞いていたからだ。「ＹＡＮＡＧＡＳＥ」はどうなるんだろう。

店を訪れると、杞憂に過ぎなかった。なにしろ賑わっている。名義を譲り受けた村井さんが、いささか緊張した面持ちで酒をつくり、接客していた。手間をとらせないよう、ウイスキーを注文する。

その姿に、不安感はない。引き継ぐとき、中泉さんからどんな言葉をかけられたか訊いてみたいと思って出かけたのだが、そんなことを尋ねる必要はなかった。村井さんと一緒に中泉さんの薫陶を受けた浜田匠《はまだしょう》さんも、変わらず、いい笑顔を見せてくれる。

「今年も、桜と椽が手に入るので、冬には暖炉をお楽しみいただけますよ」

心地よい薪の音が聞こえてくるようだ。その静寂に、村井さんの振るシェーカーの小気味いい音が混じる。この冬も、また会いましょう。心の中でそうつぶやいて、もう一杯、ウイスキーをもらう。

（二〇一六年一月号に加筆）

風薫る昼のマオタイ一、二杯

杏杏〔新神戸駅〕

新神戸駅より車で約10分、元町駅より徒歩5分、市営地下鉄県庁前駅よりすぐ
兵庫県神戸市中央区下山手通4-13-14
☎078(322)3339
時昼11時30分〜14時、夜17時〜21時(LO)
休日曜、第3月曜

神戸港のあたりを散策し、元町へ抜けて何か食べようか。そんなことをときどき思う。

元町は三宮と並んで神戸の繁華街の中心だし、新幹線の新神戸にも遠くないから、ちょっと寄りたいときに思いつく店が何軒かあると心強い。

とは言うものの、私は神戸には疎《うと》い。居酒屋、大衆食堂、バーに関しては何軒かの持ち駒はあるものの、食べるとなると、実はお手上げに近かった。

そこで、神戸に精通している編集者の知り合いに助けを請うことにした。

「食べて、飲んで、ああ、うまいなあ。そんな店を教えてください」

ずいぶんいい加減な頼み方をしたのだが、教えられて出かけた店は、生涯、記憶に

杏杏〔新神戸駅〕

残るような名店だった。

中国家庭料理の店「杏杏《しんしん》」。料理を仕切る女将さんの名前の一文字をとった名で、見た目にも美しく、響きもいいから、いっぺんで覚えた。場所は、元町駅を挟んで南京街と呼ばれる繁華街とは反対、少し坂を上がった、県庁舎の近くにある。店々が軒を連ねる飲食店街ではないので、初めて訪ねるときには少し迷うかもしれない。

店は、一九九七年の開業。今年の暮れで二十一年になる。白い大きな暖簾の向こうはカウンター席のみ。奥にテーブル席もあるとのことだが、女将さんの料理する姿をちらちらと見ることのできるカウンターが特等席だ。

青島《チンタオ》ビールに、トウミョウの炒め物をいただく。初めて訪れたのは春だったからだが、夏前から秋にかけては、空芯菜もいいとご主人に教わる。冬場はカキ。季節ごとに旬の食材を、いちばんおいしい食べ方で提供してくれるのだ。

中華の店だから、青島ビールをもらったのだが、トウミョウ炒めの風味、歯応え、軽い苦味に、さっぱりとした青島ビールはとてもよく合う。もともと、粥や饅頭《マントウ》を出すところから始まった店は、宴会料理などではなく、あくまで広東の家庭料理の店を貫いてきた。家族経営で、規模も大きくはないけれど、それだけに、訪ねた客はかえって温かく迎えられたような気もするようだ。

こちらを教えてくれた知り合いは、最初の訪問時には同席し、あれこれ、おすすめ品を教えてくれた。どれも、魅力的なのだが、私がまず譲れなかったのは、腸詰だ。これを先に食べたい。うまい腸詰を食わせる良心的で腕のいい小さな中華屋さんが、私の知る東京界隈でずいぶんと減ったと感じているから、この店の構えを見、店内に足を踏み入れたとたんに、期待が膨らんでいたのである。

期待は、裏切られなかった。というより、ここの腸詰は格別だった。

「豚の肩ロースを刻んで酒、醤油、砂糖などに漬けてね。それから豚の腸に詰めるんですよ。それをタコ紐で縛って、北風にさらす。仕込みは十二月から二月の寒い時期ですね」

女将さんが教えてくれる。味も、口に入れて噛んで飲み込んだ後に残る香りも、しっかりとしているのに上品だ。

この腸詰を食べながら飲むのはスピリッツ系がいいなと思いつつ店内を見渡すと、ありました、茅台酒《マオタイしゅ》。度数は非常に高いが、中国の他の白酒《パイチュウ》に比べて味わいも香りも穏やかで、すばらしい酔い心地も提供してくれる。

それから、知り合いおすすめの焼排骨（焼いたスペアリブ）をいただく。これがまた秀逸で、焼いた表面がかりかりに仕上がっていて、揚げた衣のようなサクサク感をもた

杏杏〔新神戸駅〕

腸詰

らすのだが、ひと皮むけば身はふわふわの仕上がりで、飯にも麺にも、もちろん酒との相性もいい。

　私は、うれしくなってくる。神戸元町界隈へ出かけてくるチャンスは年に一度あるかないかだろうけれど、そのときは必ず寄りたいと思う一軒を知った喜びである。

　またまた茅台酒をいただく。初めての店であまり酔っ払ってはいけないと戒めにかかるが、もう一方で、歯止めが利かなくなってくるような気分でもある。

　威化明蝦巻にとどめを刺された。エビのライスペーパー巻き。この軽さ、味わいの深さ。淡白でいて、しっかりと味わわせるしたたかさ。

　参りました。茅台酒、もう一杯……。

この晩は、このあたりでお開きとしたのだが、実は、それから間をおかず、今度はひとりで、昼食時に訪ねた。

粥を食べようと思っていたのだが、先客が食べている麺があまりにもうまそうなので、鶏そば風の汁そばに青島ビールを頼み、昼時だけに長居は無用と、自らに言い聞かせながら過ごすのであるが、ああ、気がつけば、ひと言を発していた。

「腸詰、もらえますか」

この流れ、必然的に茅台酒にたどりつく。マオタイと発声した直後、顔を上げた女将さんと目が合った。嬉しいような、恥ずかしいような。

（二〇一七年四月取材）

塩締めの鰆《さわら》の皮目初の美味

菊水鮓　西店〔西明石駅〕

「湯引きにしますか、生にしますか」

西明石駅からほど近い「菊水鮓《きくすいずし》 西店《にしみせ》」のご主人、柏木延浩《かしわぎのぶひろ》さんが、お任せの最初のタネであるクルマエビの食べ方を尋ねてくれた。

去年（二〇一五年）の秋に飛び込みで来たとき湯引きをいただいたので、今回は生を頼む。

酒飲みの私が最初から握りにするのは、こちらの握りが小ぶりで上品であることを知っているからだ。しかし、それよりも、つまみで飲む時間がもどかしいという思いもあるのだ。それほどまでに、こちらの寿司に魅せられていた。

当初、明石といえばタコ、くらいの想像しか働かず、その明石にさえ下り立ったこ

西明石駅より徒歩約5分
兵庫県明石市松の内1-4-15
☎078(928)7157
時12時～14時(LO13時30分)、17時～21時(LO20時30分)
休木曜、第3水曜

とがなかったから、新幹線が停車する西明石駅に下りたとき、正直に言って、どこへ向かえばいいかさえ、見当がつきかねた。

行き当たりばったり、ぶらり訪ねてみて、土地のうまいものと酒に出会い、あわせてその土地の人々と、少しばかりの心の交流をもつ。それが、「こだま酒場紀行」という連載の心意気であったけれど、土地鑑がまったくないとなると、否応なしに、行き当たりばったりを実践するしかない。そうして、ある秋の日のランチタイムに寄ってみたのがこの店だったわけで、言い方は大袈裟になるけれど、感動してしまったのである。

その思いは冷めやらず、間を置かずに再び訪れた私がビールで軽く喉を潤す間にも、美しいクルマエビが供された。漆黒の付け台の上の生のクルマエビは、すでにしてひとつの風景になっている。

口に入れると、身がしまっていて、こりこりとして、すばらしい。こんな海老の握り、初めてだ。私ははやくも興奮しはじめ、小鼻をふくらませてしまう。

握りは一貫ずつだ。いろいろな種類をおいしく食べるには、この配慮がありがたい。

タイを挟んで三品目には、イカが出た。針イカというらしい。歯ごたえはいいのに、嚙むと溶けるようなうまさがある。私の母方の郷里である和歌山で三十年以上も前に

菊水鮓　西店〔西明石駅〕

食べた絶品の甲イカを思い出し、今度は遠い目になってしまう。

寿司の道一筋のご主人だが、休日にはご自宅でベーコンづくりに励み、ベーコンには雌豚が適しているなどと、にこやかに楽しい話も聞かせてくれる。だから、土地に馴染みのない関東者もたちまち打ち解けた気分になれるわけだが、その間も休まず動くご主人の手に目がいく。

会話をする間にも、次なる一品への期待が膨らむからだ。

「ツバスです。ハマチの子です」

ご主人は、この魚が市場に出ると秋やなあ、と感じるという。旬は秋だが、昨年は一月まで揚がったという。真冬に味わえるかどうかは、水温次第、つまり運

次第だが、脂が強すぎず、ただただ上品なこのタネには、ぜひとも遭遇したいものである。

そして名物のタコである。

「そのままで、どうぞ」

見ると、塩がふってある。これもまた、今まで食べてきた寿司ダネとしてのタコとはまるで別ものという気がする。無性に燗酒がほしくなってくる。

つけてもらったのは、能登の銘酒、「宗玄《そうげん》」。盃は滋賀の陶芸家、神崎継春《かんざきつぐはる》氏の作品で、おそらく、藁《わら》の灰の釉薬で仕上げたものだ。穏やかな色合いの一品で、手に馴染み、薄い縁は、酒を味わうのに適している。作家の先生もきっと酒好きなのだろうと、勝手に思って、にやりと笑う。

サワラが出た。サワラはほかの魚とは別扱いで昼の市場で取引される。店に届くのも午後になり、最初はコリコリしていて、夜になるとモチモチしてくる。それから塩締めにして、三日くらい経つと、とてもよくなると、ご主人が教えてくれる。

それを軽く炙って握りのタネにするのだが、絶妙なうまみは、皮目のところにある。香ばしく、丸い。この味も初体験の味だ。

ウニは軍艦ではない。酢飯との間にタレを挟んだウニである。その豊かな磯の香りに酔う間もなく、今度はもっちりとした食感のマゴチの漬けに目を開かれる。

菊水鮓　西店〔西明石駅〕

アナゴは二種類だ。塩山椒で食べる一貫と、タレと岩海苔をあしらった一貫。先刻のクルマエビの頭は素揚げにして塩をふってある。齧ると温かな味噌が口中に広がった。

酒をお代わりし、柚子酢と醤油と煮切りの酒を泡状にした柚子ポン酢をのせたカンパチでトドメを刺された。

しかしまだ、ご主人の手は止まらない。

トロ、〆サバ、アナゴの海苔巻きと続く。飲めば食べられぬ小食の私の、食欲が止まらない。

初めて味わう絶品握りの数々で新しい年を祝うのだ。

こいつは春から縁起がよすぎる、というものです。

（二〇一六年二月号）

播州の地鶏とイカと春の酒

居酒屋　遊膳〔姫路駅〕

姫路駅より徒歩約8分
兵庫県姫路市紺屋町80
☎079(222)1221
時17時～23時(LO22時20分)
休日曜

西明石の次は姫路である。奈良の法隆寺とならび、世界文化遺産に指定された名城のある街だが、関東者の私にはやはり縁が薄い。それでも、以前に二度ほど訪れたことがある。もう十五年以上前のことになる。

そのときの街の印象は鮮明ではないのだが、兵庫県西部きっての街としては、ずいぶん静かなところだなという感想をもった。

それが、二〇一六年のはじめに訪ねてみると、アーケードの人通りは多いし、たいへん賑わって見えた。お城の改修工事も完成し、外部からのお客さんが増えただけでなく、若い人たちのための商業施設も増えて、街全体に活気が戻っている。そんなふうに見えた。

居酒屋　遊膳〔姫路駅〕

　ＪＲ姫路駅の北口を出ると、お城へ向かう道がすっと延びている。新幹線の車窓からも眺めることのできるこの城は、白く、美しい。

　その城へ向けて大通りが伸び、私はその東側の一画に、吸い寄せられるように入っていった。

　アーケードを進むと、いろいろな店がある。中には、昼から飲めそうな店もある。姫路で一泊するなら、明るいうちにこのあたりをよく調べ、暗くなってからあちこち覗いてみたい。そんなことも頭に浮かぶ。

　紺屋町《こんやまち》という一角に入って、渋い構えの店を見つけた。

　一見して変哲もない板戸を開けると、そこはさながら古民家の玄関だった。

　小ぢんまりとした料亭の趣もある。戸の開

く音を聞くや、作務衣《さむえ》姿の女性が出迎えに来てくれた。私はいそいそと靴を脱ぎ、導かれるまま、玄関と店内を隔てる戸の向こうへ入る。すると、そこには、板じきの質素な空間が広がっていた。

左手はカウンターだ。右手には座卓が数卓ある。どこか知り合いの家に上がったときのような気楽さが嬉しい。

店内を照らす灯りは、鈍く、温かく、ほのぼのとした色合いに店内を染めている。いかにも昔風の設《しつら》えというのはどこか作り物めいて落ち着かないが、この店のカウンターの板や奥の棚は、古さを演出する素材で新たに拵《こしら》えたものではなく、古民家などから受け継いで再利用したものだとわかる。

旅先で行き暮れて、あてもなく入った一軒。これは、当たりだと膝をうちたくなった。

ご主人の片岡敬介《かたおかけいすけ》さんに伺ったところでは、店では地元の港で昼に揚がる豊富な魚介を仕入れ、やはり地元の酒に合わせてすすめるという。また、播州は地鶏の産地でもあるし、米も野菜もうまい。

「地元のお客さんはもとより、出張や観光で訪れる人々に、姫路の美味と美酒を味わってほしいですね」

居酒屋　遊膳〔姫路駅〕

生ビールに合わせて突き出しをいただく。この地方でネブトと呼ばれるのはイシモチらしいが、これの南蛮揚げに、大根と昆布の炊き合わせ、そして、牛蒡《ごぼう》を仕込んだチクワと青菜の煮びたし。いずれも、少量だが、この小皿だけで、ビールから日本酒の一杯くらいは十分にやれてしまうほど、うまいし、酒に合う。

季節の魚介が売りの店で、針イカのお造りを頼む。合わせる酒は「播州一献《ばんしゅういっこん》　超辛口」。日本酒の研究に余念がない若い男性スタッフが、私がビールを飲んでいる間にすばやく冷やしてくれた。妙な言い方になるが、グラスにたっぷりと注がれた姿が、見るからにうまそうだ。

口に含んでみると、なるほど見事な辛口で、よく切れるのだが、それでいて、丸い旨みも隠れていて、たいへんうまい。

肉厚に切ってある針イカのひと切れを噛めば、ねっとりとからむような歯ごたえの背後から甘みが香り立つようなうまさである。辛口の酒と、しっかりとした針イカの身と、交互に口に入れては、にんまり笑う。

さて、地鶏も試してみようか。

地元でひねぽんと呼ばれる、親鶏のポン酢和えを頼んでみた。

酒は、今度は燗酒がいい。

さきほどのスタッフに声をかけると、燗なら「八重垣」と教わる。燗がつくまでの間に、播州は千ヶ峰の名水を一杯いただく。この水がまた、ことのほかうまい。

ひねぽんは、卵を産まなくなって味の濃くなった親鶏の、スライスした肉と皮とが絶妙なバランスで、少し甘めの下味がついているうえにポン酢でさっぱり仕上げてある。これは、ビールにも焼酎にも、もちろん酒にも合うこと間違いないが、燗酒との相性も抜群だった。

燗がついたばかりの「八重垣」をいただく。本醸造のバランスのいい酒で、盃一杯分を飲み干すだけでホッとした気分になれる。

六時半ともなると、店内はほぼ満席になった。カウンターで飲む人、座卓で飲む人、さまざまだけれど、大箱の居酒屋と違って騒がしくはない。落ち着いて、うまい酒肴を楽しむ春の宵だ。姫路に一軒、いい店を見つけて、気分は上々である。

（二〇一六年三月号）

うららかな海辺の昼の肉三昧

しちりん焼肉 だい〔相生駅〕

山陽新幹線は、言わずとしれたことだけれど、概ね、瀬戸内海に沿って走る。本当はもっと海沿いを通ってくれたらいいのにと思う箇所もいくつかあるが、地図を見る限り、瀬戸内の魚介類を楽しむには、どの駅で下車しても問題はなさそうである。だからこそ、各駅に下りてなにかうまいものを喰いながら飲むというご機嫌極まりないこの紀行においては、ときに、目先を変えておく必要もある……。

これは、姫路を過ぎて、相生《あいおい》という、まったく知らない土地を訪れるにあたって思っていたことである。

駅からひとまずタクシーを広い、相生湾へ向けて走ってもらう。五分ほどで、このあたりが街の中心部かと思えるエリアに出た。

相生駅よりタクシーで約5分
兵庫県相生市旭1-17-1
☎0791(22)3780
時11時30分〜14時、17時30分〜23時(LO22時)
休月曜

さらに南へ下れば相生湾、湾を出れば絶品のカキがとれる播磨灘に出るらしい。カキは相生の名物で、冬場は市内の数々の飲食店でカキ料理を供しているとも聞いた。つまり、海のもののうまい土地なのである。しかし実は、肉もうまいらしい。

訪ねたのは、「しちりん焼肉 だい」。

階段を上がった二階の店舗へ入ると、肉の脂とタレがからみあって生まれる、香ばしくて、おいしそうな匂いが鼻をついた。

訪ねたのは春の某日のことだ。昼の営業時間帯であるから、定食か肉の単品とビールくらいにしようと思っていた。タン塩にビールであっさり決めるか、白飯にタレを沁みこませてかき込むか。早くもあれこれ悩みながらメニューを拝見する。

ランチ定食の筆頭に、「ひとりやみ盛ランチ」なる文言を発見した。これはなんぞや？

店のご主人である、伊原大志《いはらひろし》さんが説明してくれた。

「全国のA五ランクの銘柄牛を厳選し、その日の仕入れの中で、これを食べてほしいと思った部位を集めてご提供しています。夜のメニューでも、これが一番の人気です」

肉はトータルで二五〇グラム。そこにご飯とサラダがつく。実に魅力的である。

ふたりで行くならこれとは別にタンなども注文できそうだが、ひとりでランチとい

しちりん焼肉 だい〔相生駅〕

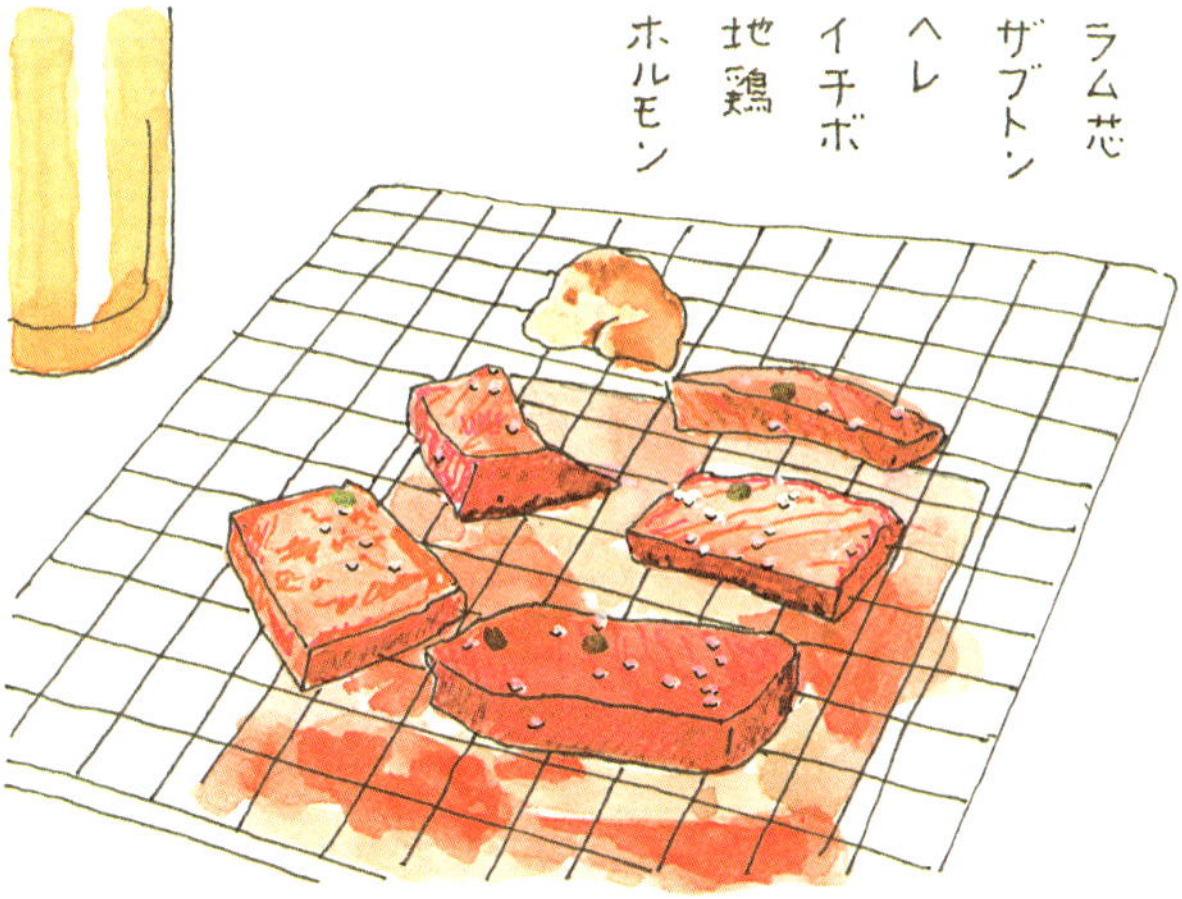

うことだと、量にも自ずと限界がある。ならば、味わいにある程度の予想のつくタン塩よりは断然やみ盛だろう。そういう判断になって当然というものだ。

そして、このようなシチュエーションでひとまず生ビールを頼むのは、心をさいなむいかなる事情を抱えていようとも、必然というものである。むしろ、こういう昼飯こそ、生きる気力の素であると、大袈裟に考えるくらいがちょうどいい。これは単に、私が歳を食った、ということかもしれない。

さて、卓上には、長方形の七輪が運ばれてきた。炭は、マイテューというラオス産の樫《かし》の備長炭。見るからにいい炭で、一刻も早く網の上に肉を並べたいと、焦り気味になる。

皿に盛られた肉は実に豪華な顔ぶれだった。ラム芯（ランプの芯）、ザブトン（肩ロースのアバラ側）、ヘレ（ヒレ）、イチボ（尻）、ハラミと、仙台牛の希少部位がずらりと並び、さらに、播州の地鶏と、神戸牛のホルモンものっていた。

うまそうだなぁ。日頃、酒ばかり飲んでいて、昼にたっぷりと肉を食すことなどない私ですが、この壮観を前に猛烈な空腹を感じるのです。前言と矛盾するようだが、まだ、若いのかもしれない。

ラム芯、ザブトン、ハラミを網にのせ、ちりちりと音がするのを耳で楽しみながら生ビールをぐいっとやる。やがて肉汁とタレが滴り落ちた炭から、煙があがる。その香りがまた、絶妙なのである。

こうして、まずは視覚と嗅覚で贅沢な焼き肉ランチを味わい、しばらく後で、いよいよ、味覚によって楽しむのである。

最初のひと切れを口に入れたときから、箸が止まらないという恰好になった。これは、いいぞ……。

気がつけば、次々に肉を網にのせ、知らず知らずのうちに、うんうんと頷いていたのを、向かいのテーブルの常連さんと思しきお客さんに見られてしまった。

構うものか。何も恥ずかしくない。イチボ、ヘレ、いずれも絶品。途中、地鶏で合いの手を入れ、ホルモンにとりかかるときには、茶碗にたっぷり盛られた飯も平らげ、レモンサワーに突入していた。

港に近い海辺の街で肉三昧。

この、港の近くの焼肉屋には、昨今では地元だけでなく、姫路や神戸から通う常連さんも増えているという。

それも納得だ。豪勢な焼肉ランチのうまさを満喫した私は、ぽっこり膨らんだ腹をさすりながら、昼下がりの街へ出た。

今度来るときは冬。昼に肉を食い、夜にはカキを食べる。次回のプランもきまって、駅へ引き返す私は、実に楽しい気分である。

（二〇一六年四月号）

コラム③

新幹線乾杯族は友人と思うべし

車中でぶた饅《まん》を食べてはいけないとか、シウマイも匂うからいかがなものか、とか、昨今、迷惑の基準がだいぶ厳しくなっている。けれど、お酒の大嫌いなご婦人が私の隣席に座ったら苦痛でしょうし、それを慮《おもんばか》る私がそうっと息を吐きながら飲むのも哀れだ。

私はウイスキーを飲むからあなたはどうかぶた饅を食べてください、くらいの鷹揚さが互いに肝心で、睨んだりため息ついたり、ましてや舌打ちしたり、なんてことがないようにしたいですな。

話し声もときに耳障りです。列車に乗るなりビールを開けて話に花が咲く二人連れ三人連れの会話も、うるさいと思えばうるさい。けれど、今日はいい旅になりました、とか、おかげさまで仕事もうまく片付きました、という乾杯酒の光景は、見ていて楽しい。

こういうときは、うるさいと思わず、仲間に入れてもらったつもりで、つぶやくに限る。

お疲れ様です、私も、ご相伴いたします。

岡山〜広島

岡山
新倉敷
福山
新尾道
三原
東広島
広島

鰆より佳肴三品美味づくし

割烹　一文〔岡山駅〕

岡山駅より徒歩約10分
岡山市北区平和町7-11
☎086(233)2288
時17時30分〜23時
休日曜(祝日が続く場合は祝日の最終日)

岡山駅東口から県庁通りを行くと、細い川をわたる。その先、平和町と呼ばれる一角の四つ辻に、藍色の暖簾がかかっている。左の隅には「一文《いちもん》」と、店名が白く抜かれている。

最初に覗いたのは正月を過ぎたばかりのころだったか。岡山市内のどこで飲むか。それなりに情報を集め、携えてから街中へ繰り出したのだが、街が大きくなると、つかみどころがなくて、徒手空拳ではどうにもならぬ、という気もしてくる。

それでも、岡山の街中は、二回くらいにわけ、二周、三周し、いくつかの店の客になりながら、ここ、という一軒にめぐり合うまで粘ってみようと考えていた。

藍色の暖簾をあけて中へ入ろうとしたとき、

割烹 一文〔岡山駅〕

「すみません、今日は一杯で」

「あ、そうですか。残念」

「申し訳ございません。またよろしくお願いします！」

その言葉つき、謝るときの表情に、惹かれた。飲むなら、ここがいい。今夜がダメなら出直そう。

こうして、約ひと月後、予約をとって出かけることにした。

白木のカウンター席のほかに座敷も用意された店を切り盛りするのは、ご主人で料理人の松枝《まつえだ》生文《もとふみ》さんだ。先に、実に気持ちのいい応対をした、当人である。

店を出して一年半。まだ三十六歳の若手である。

開店と同時に入り、まずはビールをもらう。お通しに、しろ菜という地の野菜のお浸しとナマコ酢が出た。瀬戸内に面した牛窓《うしまど》という土地でとれるナマコは有名らしいが、口に含むと、コリコリしつつもしなやかな噛みごたえである。

四〇代、五〇代のひとり客が、二、三の料理と酒を楽しむことが多いという店は、関東からの出張者にも人気があるそうだ。そこで彼らに倣って、私も三品を目安に、頼むことにした。

瀬戸内はサワラがうまいと聞いている。

秋から冬もいいが、字にもあるとおり、春の魚である。品書きを見ると、たたきのほかに、サワラとワカメのしゃぶしゃぶというのがある。訪れたのが二月の末なので、しゃぶしゃぶで燗酒という思いがよぎるのだが、ここはプロのすすめを聞いてみたい。

「塩たたきで、いかがでしょうか」

間髪入れずに返ってきたひと言に、

「いきましょ、塩たたき」

と答えて、今度は酒を選ぶ。

福井の酒、「黒龍《こくりゅう》 純吟 垂れ口」。純米吟醸の搾りたてを濾過も火入れもせずに瓶詰めした贅沢な酒だ。これも、松枝さんの推奨によるものである。

やがてサワラの塩たたきが登場した。ほんのりの塩、ほどよい脂、炙った皮目の香ばしさよ。ワサビをちょっとのせただけでひと切れ、スダチを搾っただけでまたひと切れ、芽紫蘇とミョウガとワサビをのせて自家製醤油につけて、またひと切れ。同じ動作をほぼ無言でもう一周する間に、サワラの脂と口の中で絶妙に溶け合う純吟の垂れ口を味わう。

大葉やタマネギの上にたっぷりのったサワラをポンズで食べるのだとばかり思っていたら、予想は見事に覆された。数種の醤油とカツオや昆布の出し、酒、みりんを加

割烹　一文〔岡山駅〕

えて調えた自家製醤油は、ほのかに甘みがあり、上品そのもの。これほどのサワラのたたき、他で食べたことがないと、ため息が出た。

まだ寒い季節のことだ。焼き物はこれも有名な日生《ひなせ》のカキにした。

昆布と一緒に焼き、ポン酢でいただくのだが、酒は地元岡山の「大典白菊《たいてんしらぎく》　おりがらみ」。発酵途中に出た澱《おり》をからめた逸品で、口に含むと、清々しい酸を感じさせるような爽快な一杯だ。昆布の香りのついた絶品のカキとの相性も、すばらしいものがある。

さあ、あと一品。メバルの煮付けで締めよう。

そして、またしても、予想は覆された。煮汁が澄んでいる。上品な甘みのある澄んだ煮汁に、箸のひと突きでほぐれるメバルの身が浮かぶ。刻んだ柚子と木の芽の色も鮮やかで、魚の身を口へ運び、骨をしゃぶり、匙で汁をすくうその手が止まらない。

酒はやはり地元の「宙狐《ちゅうこ》 特別純米」。燗をつけてもらうと、まろやかでべたつかず、料理を活かす。

お通しとビールに始まり、佳肴《かこう》三品と三種の酒を心ゆくまで味わった。

店では、忙しくても、一時間でお願いしますというような野暮は言わないという。客にゆっくり味わってもらうために、時間を詰めて予約を取ることもしない。

いい店、見つけたねえ……。熱い茶を飲み、ふーっと息をつき、松枝さんと目があって軽く頷く。またいつか季節を変えて——。そう思いつつ、席を立った。

（二〇一六年五月号）

穴子飯冷や酒そえて昼宴

しんくらしき　二海〔新倉敷駅〕

新倉敷駅より徒歩約10分
岡山県倉敷市新倉敷駅前1-75-1
☎086(523)4340
時11時30分～14時(LO13時45分)、17時30分～22時30分(LO22時)
休水曜、月1回日曜(不定)

倉敷駅周辺は、美観地区などの観光名所で広く知られる。しかし、新幹線の停車する新倉敷駅の周りとなると、驚くほど静かである。

海辺には、製鉄や重化学工業の工場が建ち並ぶ工業都市をかかえ、一方、寄島《よりしま》という、瀬戸内で獲れる豊富な魚介が水揚げされる漁港もあるのに、雰囲気はいたって長閑《のどか》だ。

「しんくらしき 二海《ふたみ》」は、そんな街にある和食の店だ。地元の人や仕事関連の人以外が知るチャンスはそう多くはないだろう。けれど、知っておいたら絶対に損はないと思う。

某日の昼下がり、駅からぶらぶら十分ほど歩いて、店の前に立った。取材は三月の末。暖簾は萌黄色である。ドアの横に、品書きが提示してある。
おすすめ日替わり膳。特製アナゴ丼（寄島産）。ちょっとぜいたく昼会席。それから
お子様膳の四品が用意されている。
店の前の駐車場は満車状態である。ランチタイムには、おいしい昼飯を求める土地
の人たちが集まるのだと想像がつく。中には子連れの主婦の姿もあるのだろう。
店へ入ると、カウンター席があり、半個室風のテーブル席もある。
まずは生ビール。さて、食事のほうはどうするか。
まず気になったのは日替わり膳だ。
主菜は、お造り、天ぷら、煮魚、焼き魚の四種類から二種類を選ぶことができる。四
種類から二種類を選んで組み合わせるから、組み合わせの数は六通りになる。
ノーマルな発想だと、お造りに天ぷらか？　いや待てよ。こういうところの煮魚も
実に魅力的である。天ぷらはビールのつまみとしても譲れない気がするが、その相手
を、お造りか、焼き魚、煮魚か、と考えれば、うーん、実に悩ましい。
ビールの後を日本酒にするとしても、さらりとした冷酒ならお造りがいいだろうし、
燗をつけてもらうなら煮魚の出番か。
では、焼き魚を候補から外していいものかどうか。焼き物に、カレイやサワラなん

しんくらしき　二海〔新倉敷駅〕

か出てきたらどうする？

お造りと天ぷらは二、三種のネタの盛り合わせとのことである。もちろん、そのときの、旬の魚介が選ばれているに違いない。

それにしても、これで一五〇〇円は破格の安さであるなと感心しつつ、今日の魚は何なのか、聞くか聞くまいか悩んでいるうちに、メニューにあった、「アナゴ丼」というひと言に、気持ちをもっていかれた。

アナゴといえば江戸前のアナゴがすぐに思い浮かぶ。けれど、丼ということになると、アナゴよりウナギの馴染みが深く、アナゴ飯とかアナゴ丼を、実はあまり知らない。アナゴは寿司の握りか天ぷら、くらいに考えてきたのだけれども、寄島のアナゴはぜひ喰うべしと知人から聞かされてもいたのだ。

アナゴ丼

寄島といえば、豊富なミネラル分を含んだ川の流れ込む海でのカキの養殖が有名。ほかにも、瀬戸内のタコ、ハモ、アコウなど、魚介の宝庫ともいわれる漁港だ。瀬戸内の海の豊かさに、西明石の一軒で出会い、驚いたばかりだったから、せっかくなら何でも知りたいという気持ちになっている。

そこで、アナゴ丼を頼む。

ほどなくして出てきた盆には、タコと野菜のサラダ、もずく酢、茶碗蒸し、赤出し、香の物が周りを固め、その中心に、アナゴ丼が鎮座していた。ビールから、日本酒に切り替えることにしよう。

酒の銘柄は地元の「嘉美心《かみこころ》 海の道 寄島 特別純米原酒」。これを、冷やでもらう。

アナゴには、握り寿司に塗る「つめ」のイメージが強く、少しばかり濃い目のねっとりしたタレを思い浮かべる。けれど、こちらのアナゴ丼は、むしろさらりとしていた。

炙ったアナゴの香ばしさも抜群である。アナゴの身の下にはタレの滲みた飯が見えてくるのだけれど、その飯に、金糸卵と、細切りの海苔がのっている。

この、海苔の風味が、アナゴの甘さ、香ばしさと、軽い食感を引き立たせるようで、べたっとするところをかけらも感じさせない。

純米原酒のしっかりとした味わいに、むしろ軽妙とさえいえるアナゴの身が合う。飯に合うのも当然のことだ。

すっきりとした味わいの茶碗蒸しもうまいし、赤出しがまた、酒に合う。

米粒と酒を一緒にいただくことは日頃はないが、酒に口をつければ、この絶妙なバランスのアナゴ丼も掻きこみたくなり、そうして飯を喰えばまた酒も欲しいという、実に妙な具合になった。

昼酒としては、ビールに日本酒一本くらいがちょうどいいかもしれないが、飲みたい気持ちは増してくる。聞けば、この店では土産用にアナゴのキュウリ巻きも用意するという。そこで、新幹線の車中での昼宴の第二弾用にと、ひと折り、巻いてもらうことにした。

（二〇一六年六月号）

走り梅雨締めはグラッパ独り酔い

リストランテ真田〔福山駅〕

福山駅より徒歩約8分
広島県福山市延広町2-11
☎084(928)3370
時11時30分～14時30分(LO14時)、18時～22時(LO21時)
休月曜

広島県の福山は、瀬戸内の漁場に近い。この界隈で一杯やるなら、寿司か割烹かと最初は思っていた。まして、梅雨の走りのじめじめした時期に出向くならば、なおさらのことで、白身の魚で冷酒という誘惑は、そう簡単に抗えるものではない。けれどこの街には、うまいイタリアンがあって、その魅力もまた、避けて通れないのである。

店の名を「リストランテ真田《さなだ》」という。あれこれ情報を集め、時間をかけて街を歩いてみて、ここだな、という構えの店にたどり着いた。それがこのイタリアン。なんだ、ワインも飲むのか、と仰るなかれ。けっして詳しくはないが、小生、ワインも相当に好きなのであり、ワインに合わせるつまみも食事も、嫌いなものを探すほうが難しいくらいだ。

とはいえ、初めての店だから、入るときは緊張する。バール、トラットリア、リストランテと呼び名もいろいろだし、本来そこに格や料理のレベルの違いがあると聞いたが、格別にうまいバールもあれば、ちょっとピンとこないリストランテもある。

けれど、それは、入ってみればわかることで、知り合いのない未知の土地の一軒に入るときはむしろ、扉の向こうにどんな世界が広がるか、それを楽しむ心の余裕がほしい。

難しいことではないのだ。こちらが肩に力を入れていたのでは話にならないから、むしろ、店の人と会話をして、おすすめに従うのも、うまいやり方のひとつだと思う。

そのやり方で、私は「リストランテ真田」のカウンター席についた。

オーナーシェフの真田公司《こうじ》さんは、地元福山のホテルでフレンチの修業を始め、海外の日本大使館勤務も経験した腕利きである。東京でイタリアンに出会ってその奥深さに目覚めたときが人生の転機だった。現在の店を出して、十三年になる。

「うちはポーションが多いですけど、ハーフでご用意しますから、おひとりでも安心してご利用いただけます」

旬の素材を用いた料理や店の定番を織り交ぜた前菜は多種多様である。

店ではこれを六点盛りにして、二人前から供しているが、頼めば一人前でも用意してくれるのである。店を訪ねたのは四月下旬のことで、名残りのカキに間に合い、走りのカツオも入っていた。いい時期に当たったものだ。

カキのガーリックバターソテー、アボカドとサーモンのタルタルサラダ、えびすカボチャのオーブン焼き、豚足とレンズ豆の田舎風テリーヌ粒マスタードソース、カツオのカルパッチョに、スモークした鴨肉の柚子ペーストの六品がワンプレートに並んだ。

グラスワインも、赤ワイン六種、白ワイン四種、スパークリング一種を用意している。

最初の一杯は「サンセラン」というスパークリング。真田さん自ら、説明をしてくれる。アボカドとサーモンのサラダやカボチャのオーブン焼きなどをつまむうち、たちまちグラスが空になる。

白ワインの相談をすると、シャルドネ一〇〇%の「パナメーラ」というカリフォルニアワインを真田さん自ら選んでくれた。私が酒好きだと言ったからか、樽の個性が効いた深みのある味わいの逸品が注がれた。これが、カキのソテーにもカツオのカルパッチョにも、とてもよく合う。

リストランテ真田〔福山駅〕

豚足とレンズ豆のテリーヌのまろやかさを口中で楽しむうちに、今度は無性に赤ワインが欲しくなる。

躊躇《ためら》う必要はない。

供されたのは、スペイン産の「プエルタ・デ・アルカラ」。テンプラニーリョというぶどうから造るワインはタンニンの渋みを残しながら長い余韻を楽しませる。ごく軽く燻製した鴨肉に柚子ペーストをのせた逸品は、ほのかな柑橘の香りと白髪ねぎの爽やかな食感で、ミディアムボディーの赤ワインには絶妙の酒肴となってくれる。

十九か月熟成したという、パルマ産原木生ハムをハーフポーションでもらう。イチジクのコンポートと生ハムの組み合わせを存分に楽しみつつ、さらにもう一杯、赤ワインをもらう。

オーストラリアの「リチャード・ハミルトン」。ぶどう品種はカベルネソーヴィニヨン。甘み、渋み、深みを備えたおいしい一杯だ。

パスタもピッツァも品数豊富で目移りする。メイン料理の中の、子羊のミラノ風カツレツも試してみたい。しかしながらひとりゆえ、量に限度がある。結局のところ、牛頬肉の赤ワイン煮をのせたチーズリゾットをこの晩の私のメインのひと皿とすることにした。

サフラン風味のリゾットは軽く、とろける牛頬肉との相性はすばらしい。食べ終えて満腹し、締めのグラッパを頼む。

ちょっと飲み過ぎか。まあ、いいさ。独り酔いは、誰に気兼ねすることもない。

（二〇一六年七月号）

瀬戸内の夏はアコウと覚えおく

保広〔新尾道駅〕

尾道《おのみち》は坂の町である。街全体を見下ろすべく丘の天辺まで一気に上ろうとすると、急な坂道の途中で息が切れる。けれど、立ち止まったその場所から振り返れば、視界には、尾道水道が飛び込んできたりもする。

尾道駅は海に迫る急坂を下りきったところにある。南口の改札を出て、ロータリーを渡ると、そこはもう尾道水道をわたる渡船の波止場である。

新幹線が停車する新尾道駅からはタクシーで十分ほどだが、旅の途中で立ち寄るなら、やはり海辺がいい。

向島と行き来する渡船の発着場の近くに寿司と魚料理の「保広《やすひろ》」はある。以前、近くを通ったことがあって、そのとき、定食か握りでもと思って店を覗いたが、あいに

新尾道駅よりタクシーで約12分
広島県尾道市土堂1-10-12
☎0848(22)5639
時11時30分～14時、17時～21時(LO20時30分)
休月曜(祝日の場合は翌日)

くの混雑で入れそうもなかった。

どうやら人気店であると察しがつく。そうとなれば、一度はゆっくり訪ねてみたくなる。昼時の寄り道なり途中下車の一泊なり、この地を再訪するチャンスがあるなら暖簾をくぐらぬ手はない。そう思っていた。

そして、某日の夕刻。おそらくはまだ混みあったりしないだろう早めの時刻に、店を訪ねてみた。

最後には少し握ってもらうとして、まず、土地の魚を味わいたい。カウンターの端の席に座ってそんなことを率直に言うと、父子で調理場を仕切るおふたりから、ヌタはどうかとすすめられた。

アオリイカとワケギのヌタである。

聞けば、ワケギは広島県が全国有数の産地であって、中でも、尾道市の岩子島《いわしじま》でその大半を栽培しているという。小ねぎの一種だが、私の好物でもあるから、旬のアオリイカと和えたヌタは、絶好のつまみだと思った。

瓶ビールで始めて、ヌタの小鉢をつつくうちに、早や日本酒を飲みたくなる。広島の酒はいくつか銘柄を知っている。

この後、淡い魚が出てきても合うように、辛口の中でも淡いほうから試そうと、「う

ごのつき 涼風純米吟醸」を選んだ。白いラベルの見た目も涼しげな酒で、口に含むと、実にまろやかである。まろやかでありながら、きりっとして爽快でもある。

少し甘く感じられる酢味噌の中で、アオリイカは丸みを帯びた食感を、ワケギはしゃきしゃきっとした歯ごたえをもたらす。

アオリイカも夏が旬。いただく酒も涼やかな夏バージョンである。イカとこの酒の相性は、ただただ、すばらしいと感じられる。

さて、次の肴は何がいいか。この春先から旅が瀬戸内へとさしかかり、それ以来、イカ、タコ、ツバス、サワラと、さ

まざまな魚種に出会ってきた。同じイカやタコでも、関東とは種類が違ったし、アナゴのうまい食べ方にも違いがあった。だから、夏においしくなる魚にしても、おすすめに従うのが正解だろうと思うわけなのである。

するとご主人、

「夏はアコウでしょう」

と即答したのだった。

アコウとはどんな魚か。伺ってみると、キジハタとも呼ばれる魚で、高級魚であるという。ハタの一種か……。あまり馴染みがないが、楽しみだ。

それを水槽から掬い出し、目の前でさばいて、薄造りにしていただいた。

行儀が悪いが、席から立ち上がってカウンターの中を覗き込み、捌《さば》くところを見させてもらう。ぽってりした姿の、全長三十センチくらいの魚で、表面にはぬめりがある。なるほど、白身を薄造りにしたらうまそうだし、汁ものなんかにしてもいけるのではないか、などと勝手に考えた。

ほどなくして、予想どおりに美しい、薄造りの皿が私の目の前に置かれた。

添えられているワケギと紅葉おろしにスダチをきゅっと搾り、薄くひいたアコウの身に乗せて口へ運ぶ。これは絶品だ。

もうひとつ、ワサビ醤油でも試してみるのだが、こちらは、魚の身の甘さが際立つようである。甲乙つけがたいが、二杯目に頼んだ「寶劔《ほうけん》 純米酒 超辛口」には、ワケギの爽快な青味と酸が合うと、ひとり納得した。

お隣の席のカップルはオコゼの唐揚げを美味しそうに食べる。その会話に、こちらもオコゼいってみるかと気持ちが動くが、ぐっとこらえて選んだのはハモの梅肉添えである。

素っ気ないわけでなく、かといってベタベタもしない。あっけらかんとしたハモは、絶妙の梅肉ダレで、さらにうまくなる。

合わせる酒は、「亀齢《きれい》 辛口純米八拾」。精米歩合は八〇%と、米の削り具合が少ない酒だが、よく切れてうまい。ハモの小鉢はたちまち空になった。

瀬戸内の天然もののタイを握っていただきながら、「亀齢」をもうひとつ。少し飲み過ぎではある。けれどもお茶はまだまだ結構！ そんな気分で、またぐびりと、ひと口やる。

（二〇一六年八月号）

壺を出た蛸びっしりと釜の中

和食処　登喜将〔三原駅〕

三原駅より徒歩約6分
広島県三原市城町3-2-7
☎0848(62)7393
時11時30分〜14時(LO13時30分)、17時〜22時(LO21時30分)
休水曜

新幹線こだま号の全駅で下りて飲み喰いをする。ただそれだけが目的のこの紀行ですが、明石で寿司を堪能したときから、瀬戸内のタコは三原で喰うと心に決めていた。島々が密集する瀬戸内海は潮の干満のたびに流れが速くなり、そこで揉まれるから魚介がうまい。

そう教えてくれたのは、三原港近くの和食処「登喜将《ときしょう》」のご主人、木田多泰《きだかずひろ》さんだ。

「潮の速い海の底にしがみついているから太くなり、うまくなるんです」

タコが出てくる前からのおいしい話に心を躍らせるわけだが、実は私は、かなりのタコ好きである。とはいっても、飲みに行けば必ず頼むという類の話ではない。家で飲むときに、タコをつまみにしていることが多いのである。

和食処　登喜将〔三原駅〕

飲兵衛がタコと言うと、タコぶつを思い浮かべる方が多いかもしれないが、我が家の場合、タコぶつよりはタコ炒めの登場回数がはるかに多い。

スーパーで売っている茹でたタコを適当な大きさに切り、ごま油をひいたフライパンでシシトウと一緒に炒める。仕上げはナンプラーかニュクマム。香り付けにほんのちょっとの醤油を垂らして完成。我が家ではこれをタコシシと呼び習わしていて、年中やるが、全然飽きない。

ただし、本当にうまいタコ刺しとか、から揚げとか、タコ飯とか、そもそも茹でたてのタコが登場することはまずないし、第一、タコそのものが、西アフリカ産だったりする。

だからといってはナンですが、国産のおい

しいタコへの憧れが常にあり、関東でいうと、三浦半島の佐島のタコ、などと小耳に挟むと手に入れたいし、そういう、質のいいタコを出す飲み屋へ行けば、まず、頼むわけである。

前置きが長くなったが、西アフリカ産のタコの炒め物ばかり喰っている私が瀬戸内のタコの名所である三原に寄せた期待の大きさが相当なものだったということである。

店では、豊富な一品料理やお任せのコースのほかに、三原の地タコ料理を四コース用意している。私はミニたここコースB*（二七〇〇円）を頼んだが、比較的に廉価版とはいえタコ料理五品に吸い物とフルーツがつく。

酒は地元三原の銘酒「酔心《すいしん》」をいただく。一杯目は、八反錦という米を原料とした純米生原酒。料理の最初は、やわらか煮である。

この煮タコが甘く柔らかく、口の中で溶けるように広がる。そこへ、軽くてすっきりとした辛口の生原酒を含むと旨さがしっかり混ざり合う。けれども、しつこくはない。置いたそばからガラスの徳利を持ち上げて、やはりガラスの涼しげな盃に注ぐ。

タコ刺しが出てきた。醤油か梅肉でどうぞと言われ、皿に盛られたタコを見れば、足の先っぽがくにゃりと動いたりして、嬉しくなる。

紅蓼《べにたで》と醤油で、動いた足の先からいただく。間髪入れずに白身の部分を梅肉でいただく。食感そのものが新鮮だ。日頃、タコブツかボイルしたタコの炒め物など肴にすることが多いからか、活タコは、噛むほどに香り立つような気さえする。これもひとえに新鮮だからだ。

絶品のタコ刺しで冷酒を飲む私の頭には、海底の壺の中でのんびり眠っていたところを引っ張り上げられて、船上で大暴れするタコの姿も浮かぶ。気の毒である。しかし、これだけうまければ、諦めてもらうよりない。

次の逸品は茹でタコの酢の物。三杯酢で和えてある。酒の徳利も二本目にすることとして、同じ「酔心」の純米生原酒だが、今度の酒の原料米は山田錦である。

実にすっきりとしている。穏やかだ。水と米の特質が、こういう味わいをつくるのか。歯ごたえを楽しむ淡い味のタコ酢に、とてもよく合う。

やがて、天ぷらがきた。カットレモンをちょっとだけ搾り、熱いところを塩で食べる。

いくらでも食べられそうな気がする。タコ天も、ものが違うと、ここまでうまいものなのか。そんなことを思いながら、酒を二度、三度と注ぎ直せば、時間の許す限り腰を落ちつけたい気分になってくる。

しかし、先刻から、カウンターに置かれたお釜が、うまそうな匂いを発し始めているではないか。そろそろタコ釜飯の、ほどよい頃合いということだろう。目の前に供された釜の蓋をあけて、驚いた。予想していたよりずっと、タコの量が多いのである。上面を、びっしりと、タコが埋め尽くしている。大袈裟ですが、絶景と言いたい。

三原はタコで有名だけれども、それにしても、ここまでの贅沢さはなかなか味わえないのではないか。

和風出しや醤油よりも、タコの出しが効いている。うまみが甘くて、丸い。アワビやエビを好む美食家のタコを、酒を好む私という人間が貪《むさぼ》り喰う。タコよ、あいすまぬ。けれど、うまいねえ。

締めの釜飯を喰う手が止まらないのは、久しぶりだ。

（二〇一六年九月号）

＊二〇一八年一月から「たこお手軽コース」二九〇〇円として、内容も一部変更予定。

彼岸過ぎ酒の都で名残り鱧《はも》

旬彩　希味〔東広島駅〕

新幹線が通る東広島駅の近くにこれといった酒処は見当たらなかったので、タクシーで山陽本線の西条《さいじょう》駅に向かうことにした。ここは酒の街。酒都・西条と呼ばれる。駅前のロータリーで車を降りて見回すと、煙突が見える。

事前に少し調べたところによると、「福美人」「賀茂鶴」「賀茂泉」「亀齢」「白牡丹《はくぼたん》」など、有名な銘酒を醸す蔵があり、毎年十月には、全国から集められた約一〇〇〇銘柄の酒を試飲できる〝酒祭り〟も開催されるという。

「賀茂鶴」は、名古屋の名店「大甚」で、常に樽買いしていると聞いたし、個人的な話になるが、「亀齢」は日ごろ、自宅近くの寿司屋で頼む銘柄で、食事をしながら飲む酒としてたいへん気に入っている。

東広島駅よりタクシーで約18分、または西条駅より徒歩約6分
広島県東広島市西条岡町9-7
☎082(421)2022
時11時30分～14時(LO13時30分)、17時～23時30分(LO22時30分)
休日曜、祝日

西条ではないが、瀬戸内海の海岸線を走る呉《くれ》線の竹原駅近くには、竹鶴酒造があり、ここは以前にひとりで訪ねたことがあり、思い出深い。

その程度の縁ではあるが、広島の酒はいくつか、親しんでいる。そして、西条には数々の酒蔵があるのだから、この街自体にも親近感を覚えるのかもしれない。

ぶらぶらと歩けば、すぐに酒蔵に行き当たる。古い蔵は、いずれも風格を備えている。訪ねたのは夏だから、蔵で酒造りはしていない。秋の収穫を過ぎるころから、原料米が持ち込まれ、連日、米は蒸されて、湯気が立ち上る。それはまだ先の話であるが、夏の終わりとともに、蔵では準備が本格化することだろう。これだけ酒蔵が密集しているのだ。仕込みも本格化する時節となれば、街中にモロミの匂いがふわりと漂ったりするのだろうか……。なんだか、夢のような話である。

この街で、うまい肴で一杯やるなら、いい店がある。「旬彩 希味《のぞみ》」だ。瀬戸内の魚介と銘酒をゆっくり楽しめる。

七月末——。お任せのコース（八寸、お造り、煮物、焼き物、ご飯もの、香りもの、赤出し、デザートで三五〇〇円）を頼んだ。

八寸は、カツオの有馬煮、茄子のみぞれ煮、エビの塩煮、湯葉、それから、アスパラの豚肉巻きと、広島の夏の味覚、小イワシのショウガ煮が並んだ。

旬彩　希味〔東広島駅〕

合わせる酒は、地元西条の「賀茂泉」。「ｋａｍｏｉｚｕｍｉ　純米生原酒　七割五分」という一品だ。

原酒だけに度数が少し高く、それでいて生の冷酒だから飲み口はスムーズだ。しかも、米の精米歩合は七割五分、つまり米の外側の二割五分を削っただけなので、米本来の味もしっかり味わえる。米を磨きまくって造る酒とはまた別の魅力を楽しみながら、八寸の品々に箸をのばす。

店は、大阪の割烹で修業を積んだ店主の金原昌俊《かねはらまさとし》さんと妻の望美《のぞみ》さんの二人三脚。彼らを他のスタッフが支える。カウンター席があるからひとりでも気楽に入ることができるし、三、四人で立ち寄るなら奥の座敷がいい。いずれにせよ、人気店なので予約するのが無難かもしれない。

お造りは、タチウオ、広島サーモン、ギザミ（ベラ）、コチ、そして炙りハモ。私はタチウオやギザミに馴染みが薄いが、歯ごたえといい味わいといい、実にうまいのだ。

「これは、ボトルで一年寝かせた酒なんですよ」

二杯目は、金原さんのすすめる「車坂《くるまざか》」という酒をいただく。和歌山の酒で、魚料理に合う吟醸酒を瓶ごと一年寝かせたものだ。

試みに、寝かせていないものも少しもらって飲み比べてみると、なるほど一年寝か

せると味が深みを増している。店では、「亀齢辛口純米 八拾」という美酒も今、瓶で寝かせているところだという。

もともとうまい酒をひと工夫してさらにうまくしよう。そういう思いは、料理にも酒にも注がれているようで、「車坂」を味わいつつ炙ったハモを口へ運ぶと、どうです？　イケルでしょう？　とご主人に声をかけられたような気分になった。うん、これは、イケルのです。

タチウオの塩焼が出て、刺身とは異なるふわりとした食感を楽しむうち、どうにもこうにも「寫楽《しゃらく》」が飲みたくて仕方がない。会津の酒なのだが、この数年の間にもっとも気に入った銘酒だ。タチウオの焼き物の後にタイの松前蒸しが出てきては、頼まぬわけにはいかぬ。

ちなみにこの松前蒸し。昆布出しと薄い塩加減の背後でじゅん菜が香る。なんとも上品で銘酒に合う。

「やっぱり、うまい酒をお出ししたいと思います。酒はうまくないと」

金原さんはそう言って笑い、また忙しく、調理にもどる。

店はまだ三年目というが、酒好きで腕のいい調理人が切りまわすだけに、安心感に満ちる。ちなみに、本号が出る九月下旬から十月も、名残りのハモが味わえるという。ご用とお急ぎでない向きは、ぜひ。


（二〇一六年十月号）

酒うまし秋の夜長の美味づくし

田心〔広島駅〕

広島駅よりタクシーで約10分、または広島電鉄本線八丁堀駅より徒歩約5分
広島市中区中町1-17
☎082(236)7117
時17時〜23時(LO22時)
休日曜、祝日

「こだま酒場紀行」も、いよいよ、広島までやってきた。大きな街だから、立ち寄る店も、そう簡単には見つからないだろう。

そう思った私は事前に、いろいろと情報を集めた。知り合いを介して、インターネットによる検索を用いて、さらには、何度か広島市内をほっつき歩きながら、どこがいいか、模索していたのです。

骨の折れる仕事ではあるが、苦行ではない。むしろ、これまであちこち歩いたことのない広島を見て回るのは、かえって楽しい経験でもある。昼間の観光にこそ縁はないが、何度か夜の広島を彷徨《さまよ》ううち、どの角を曲がると目印になる中華屋さんがあるとか、そういうことが頭の中に入ってくる。夜のほっつき歩きのための自分専用マッ

田心〔広島駅〕

プが、だんだんできてくる。

居酒屋、お好み焼き屋、郷土料理、あるいは名の知れたステーキハウス、果ては有名ホテルの和食やレストランまで視野に入れて、近くまで行ってみて、気が向けば入店する、ということを繰り返した。

一軒、寄るならここと決めたバーに通い、そのたびに、相談したり、教えてもらったりする。広島の魚はアナゴ、ハモ、タコにタイとなんでもうまいが、夏場は小《こ》イワシ、八月上旬の二、三週間は、生シラスもいい。冬はやはりカキだ。お好み焼きはもちろん、内陸へ入ると野菜や茸《きのこ》も豊富だし、実は広島牛という銘柄牛の産地でもある。そんな情報を、バーのお客さんやマスターから聞いた。

実際、すばらしいステーキハウスも見つけたし、東京在住の広島出身者に聞いた大衆酒場も、最高だった。そういう、実に地味な活動の結果、ある店に行きついた。

店名は「田心」。でんしん、と読む。

開店七年目の料理屋で、店に入ると、広々としたカウンターが出迎えてくれる。板場にはご主人の田中晋一朗《しんいちろう》さんをはじめ、焼き方やお通しの準備に余念のない若手の職人さんが実にきびきびと働いている。

客の接遇をする女性スタッフたちの立ち居振る舞いも心地いい。まだ若いのに、みなさん、しっかりしている。これは当たりだ、と思う。

訪ねた日はまだ少し蒸し暑かったから、まずは生ビールをいただく。

すっと出てきたのは冬瓜《とうがん》のエビ餡かけだ。ひんやりとした食感と爽快な味わい、エビの香り、それから、餡の、ほんのりとした甘みが立ち上がってくる。うまいぞ。

さて、次は、刺身と酒を、迷わず頼みたい。

「いいハモが入っています。お造りでいかがですか」

お造り？　湯引きでなくて？　と思いつつ、酒は広島の「富久長 純米 八反草」にする。

八反草というのは、広島の酒蔵、今田酒造しか用いていない土地の酒米だ。ちなみに、「田心」のご主人の実家は農家で、お父様がこの八反草をつくっているという。

八反草の酒を初めて飲む。実にうまい。すっきりとして上品だ。

そこへハモが出た。目の前で捌いたばかりのハモの刺身。スダチと塩だけでいただく。これも初めての味。目を開かれる。三切れめからワサビをのせてみたら、ハモの甘みがかえって立ってきて、酒に合うことといったらない。

「龍勢 特別純米酒」に切り替え、料理は、地ダコぶつ切りにんにく醤油。

さっと茹でたタコを炭火で炙る。上面にはバーナーからの炎をあて、いっきに、手

田心〔広島駅〕

早くしあげる。その熱々のところを、風味の高い醤油にちょっとつけて食べる。

軽く焦げたタコの香ばしさと柔らかで上品な味わいは、単純だが問答無用のうまさと言いたい。いくらでも喰っていられると口走って、ご主人に笑われた。酒はしっかりとした日本酒らしい腰があるけれど、しつこくはなく、飽きない。

秋の夜長を楽しむ季節にはカマス、サヨリ、地もののサバがうまくなるという。

それから茸だ。この日は女鹿平《めがひら》産舞茸とあわび茸の天ぷらをいただき、その食感と香りの良さにさらに酒が進んだが、秋も深まれば天然舞茸のうまさ、松茸の比ではないですよ……。ご主人、にこやかに教えてくれる。

それから、厳寒期のカキ。一度味わってく

ださい……。

生がいいか、焼きがいいか。日本料理の職人だから、ご主人はどちらかと推奨すると予想していたのだが、答えは違った。

「本当の旬のカキフライは、最高ですよ」

ああ、カキフライか――。私の知らないカキフライなんだろうな、と思う。聞いただけでうまそうな酒肴の話で、「亀齢 山」を冷酒で、次の「小笹屋《おざさや》 竹鶴」は燗で、いただいた。

酒がうまくなる秋。夜は長いほど愉しい、と心底思う。


（二〇一六年十一月号）

扇子ふり嬉し恥ずかし桃の酒

Degas〔広島駅〕

広島駅よりタクシーで約8分
広島市中区堀川町3-8
イテザ3ビル2F
☎082(241)3076
時19時～26時(祝日は24時まで)
休日曜(ただし月曜が祝日の場合は営業)

久しぶりで広島の駅へ降りると、街の大きさに改めて気づいた。高いビルが多いわけでもなく、幅の広い道路には路面電車が行き来する穏やかな景観の街だが、中心地には賑わいがあり、街の風格を感じさせる。

名物が多く、旅の途中で寄るには食べるにも飲むにも便利だが、数多ある中から一軒を選ぶのは難しい。

そこで活躍してくれるのがバーである。堀川町にあるバー「D《ド》ega《ガ》s」にめぐり合ったのは、そうした意味で幸運だった。マスターや店の常連さんに、広島のおすすめをいくつも伺うことができたからだ。

先に書いた「田心」という割烹についても、店の存在は別のところで知ったものの、そういうお店がありますねと声をかけると、「Ｄｅｇａｓ」のマスターがよく知っていたことで、ある意味、安心したという経緯《いきさつ》がある。

そういうお付き合いができるようになると、広島へ行くたびに、立ち寄りたくなる。ホテルへ荷物を解くや、さっそく出かけるのだが、店を知ってから一年近く経った晩にふらりと訪ねると、その晩の酒は、ひときわ、おいしかった。

Ｌ字のカウンターとテーブルが一卓だけのバーだ。目立たないビルの二階にある小さな店だが、創業は昭和三十三年。来年で還暦を迎える老舗である。

マスターは杉浦顕《すぎうらあきら》さん。先代のお父さんが開いた店を継ぎ、しっかりと守る。初代マスターの俊介さんは、昭和五十五年のサントリー主催・トロピカルカクテルコンテスト中国四国大会を制した名人である。このお父さんと十八年間一緒に働いた杉浦さんもまた、腕利きである。

ジンリッキーを頼む。

小皿にはサクランボ、イチゴ、ハムをチーズで挟んで三角にカットしたサンドイッチに似せたつまみと、ブラウンブレッドがのっている。

このパンは天然酵母由来の酸味があって、たいへんうまい。全国的にも有名な広島のパン屋さん、「ドリアン」のパンを使っている。

杉浦さんは今、ひとりで店を切り盛りしている。店が混むと忙しい。

久しぶりで訪ねたのはゴールデンウイーク前だったから、店は混雑し、私がいる間にも、お客さんは次々に訪れた。

杉浦さんはまず荷物を預かり、カウンターの内側に収納し、お客さんに、できるだけのんびりと過ごしてもらえるよう配慮する。それからお通しを用意し、最初の一杯を出し終えるまでは、時間との勝負だ。ここへ出入りするお客さんも心得ていて、忙しいさなかに横から追加注文を入れたり会計を頼んだりという野暮はいない。

注文の多くは、フルーツのカクテルである。フレッシュフルーツを使うケースもあるし、スピリッツとジュースでおいしく仕上げるケー

スもある。

私が頃合いを見て頼んだ二杯目は、ブラッディメアリーである。ウォッカベースのトマトジュース割りであるが、このウォッカに、唐辛子のフレーバーをつけたペッパーウォッカを使用した一杯にしたところ、これが抜群だ。

調子が出て、次はフレッシュフルーツでいくことにする。

杉浦さんがすすめてくれたのは、「道後物語」というミカンを使ったスクリュードライバーだ。温州《うんしゅう》ミカンの中からとりわけ糖度の高いものを選抜した「道後物語」を、ウォッカベースの一杯に贅沢に用いる。口に運んで、格別な甘さに目を見張った。

「うまいですねえ」

「ありがとうございます」

敬愛する切り絵作家、成田《なりた》一徹《いってつ》さんも生前、この店に足を運ばれたと、杉浦さんから聞いて、なるほどと膝を打った。

いかにも、成田さんが好みそうな、プロの店だからだ。

店は広島の繁華街の中心地にあるから、部屋が空いていればここと決めているホテルまで、タクシーの心配もいらない。ぶらぶらと歩いても、一〇分とかからないのだ。

初めてきた頃は、広島カープが独走のままセ・リーグを制する勢いで、街中が興奮していた。

ある晩などは、カープと、Jリーグのサンフレッチェ広島がホームゲームで、花火大会まで重なって、街中は、たいへんな人の数だった。今年もまた夏を前にしてやって来たからか、私の広島のイメージは、暑い広島だ。

杉浦さんに、夏場のおすすめを聞くと、ピオーネと桃だという。桃を使うなら、フローズンカクテルがいいとのことである。

恥ずかしながら、私は桃のカクテルが好物だ。真夏にまた来て、扇子ふりつつ、小声で注文したい。

「あの、桃のカクテル、ください」

（二〇一七年八月号）

コラム④

初めての店では照れはご無用

ぶっつけ本番の酒場紀行では、飛び込んだ店で酒肴に何を選ぶかが、わりと、難しい。

グルメサイトで評判のものを指名するのはつまらないし、おすすめをください、と最初から言ってしまうのも味気ない。かといって、品書きを見ながらモジモジするのは大人気ないし、慣れた味に逃げるのは、もったいない。

大事なのはたぶん、店の人と会話すること。ビールから日本酒にしたいのですが、今日は魚は何がいいですか、と訊く。土地のおいしいものを知らないものですから、と付け加えてもいい。するとこちらがイチゲンであることがわかるから、お店のほうでも意気に感じるだろう。量も考え、見繕《みつくろ》ってもらいながら、合わせる酒のタイプや飲み方のアドバイスもいただければ、あとはただ、従順であればいい。

常連さんと思われる客の注文を真似したり、それは何かと、当のお客さんや店主に質問するのも一興。不要なのは照れと知ったかぶり。謙虚にしていればうまいものにありつける。

山口～福岡

河豚喰えば鉢の冷酒をまたひとつ

割烹　福源〔新岩国駅〕

新岩国で下車して周囲を見回すと、ちょっとした山の中である。どこで一杯やるか、見当もつかない。

けれども、タクシーを使えば岩国の市街地までは二十分ほどだし、時間に余裕のある午後ならば、路線バスを利用する手もある。

バス路線の途中に、錦帯橋《きんたいきょう》がある。たいそう精巧な橋で渡るだけでも記念になるが、夏場なら、鮎釣りに興じる人々の姿を橋上から眺めるのもいいし、橋の袂《たもと》には茶屋などもあるから、なにもせず、ゆっくりと時間を過ごすのもいい。

そして、夕方になればもちろん酒である。

「割烹 福源《ふくげん》」は、岩国でうまい酒と魚を求める人に薦めたい一軒、フグ料理で評判

新岩国駅よりタクシーで約20分、または岩国駅より徒歩約12分
山口県岩国市立石町1-5-6
☎0827(22)5208
時11時30分〜14時(LO)、17時〜22時(LO)
休日曜、祝日

の店だ。岩国駅から徒歩で十二分ほどである。

天然のフグコースでじっくりという手もあるが、その場合、三日ほど前からの予約が必要になる。仮に予約がなくても、カウンターに席を占めることができたなら、その日の最高の素材を楽しめることは請け合いだ。

ビールで始めて、その後は酒を三合ばかり……。

それだけを主人に伝え、あとは差し向かいで相談しながら酒肴を決めていく。これがカウンターの楽しみというものだろう。

フグ刺しが出てきた。

「長門《ながと》のフグです。淡水養殖で、寝かせ方にも工夫しています」

ネタケースの向こうで手を休めることなく、店長の川嵜晃弘《かわさきあきひろ》さんが説明する。

天然もののトラフグは身の質が硬く、おろしたてはうまみが少ない。だからおろしてから一、二日は寝かす。一方の養殖ものは寝かす時間が短い。さらに、川嵜さんはもうひと工夫するという。

「おろしてからサラシを巻いて寝かすことで、水分を抜くんです」

寝かす時間は短いが、サラシで巻いて水分を抜き、旨みを残すということだろう。

さて、どんな味がするのか。食べてみるに如《し》くはない。

箸を入れるのがためらわれるほどに美しく盛られたフグ刺しを、二、三切れ箸でとり、薬味と一緒に口へ入れる。

やさしく、品がよく、驚くほど繊細なフグ刺しである。養殖ながらあっぱれ、というか、養殖には養殖の持ち味があるのかもしれない。ちなみに天然ものの旬は一、二月とのことである。

では、酒だ。ここは岩国。お国柄でもあるから、迷わず「獺祭《だっさい》」を選ぶ。頼んだのは、精米歩合三割九分の槽場汲《ふなばく》み。つまり、搾ったままの無濾過生原酒。私も獺《かわうそ》になって踊りたいくらいに、うまい。

「オコゼでも引きましょうか」

オコゼの刺身か……。なんとも興味深い。

オコゼもまたフグと同様に小ねぎと紅葉おろしでいただくのだが、身の歯ごたえは、顔つきとは裏腹に柔和で上品だ。米粒の六割がたを磨いて削った、香りの華やかな冷や酒によく合う。

この皿に合わせて、ふた切れほど添えてもらったのが、サワラである。魚偏に春と書くが、春は昔の暦の上での春。今なら、厳寒期にうまくなるのだと、教えていただく。

割烹　福源〔新岩国駅〕

口にすると、柔らかく、脂が乗っていて甘く、炙った皮の香ばしさも格別だ。文句のつけようがない。

天然フグの旬のころ、サワラも旬を迎えるらしい。フグの白子焼きをハフハフ言いながら食べ、脂の乗ったサワラで燗酒を飲む。それもまた、格別だろうなと、早くも気持ちが動く。

二杯目も、地元岩国の酒、「雁木《がんぎ》」にする。純米吟醸のひやおろし。ガラスの徳利にたっぷりと一合が入っている。徳利は、鉢に盛られたクラッシュドアイスに腰のあたりまで沈んでいる。こうしてあると、ゆっくり飲んでも酒は温《ぬる》くならない。もっきりと呼ばれる、枡にあふれさせる注ぎ方の酒より、まず飲みやすい。

川嵜さんは三十六歳と若いが、この道十八年のベテラン。十八歳でこの店に入って以来、浮気をせず、腕を磨いた。旬の魚、珍味にも詳しいし、酒の飲み方にも一家言ありそうだ。

さて、もう一品いただこう、と言うと、揚げ浸しをすすめられた。小麦粉をまぶしてからりと揚げた魚を出し汁に浸してある。

魚は何か？　なんとノドグロだった。香ばしい皮ととろける白身。ほどよい甘みの出し汁が口の中で混ざり、言葉が出ない。

「雁木」をもう一杯。今度は純米吟醸の無濾過生原酒。すっきりとして甘くなく端正な酒だ。

それにつけてもノドグロのうまさである。なぜ揚げ浸しにするのか、川嵜さんに訊いた。すると、本来脂が強く出しになじみがよくないノドグロは、こうして揚げると衣が出しによく絡む、ということである。

なるほどなあ……。

初めての味に感嘆しているところに、すっと出た小鉢は、塩ウニだ。塩ウニ好きを見透かされたか。これでは酒が止まらない。

（二〇一六年十二月号）

薄切りのタンにきらめく刻み葱

焼肉 まんぷく苑〔徳山駅〕

徳山駅より徒歩約8分
山口県周南市糀町2-25
☎0834(31)0089
時17時30分～23時(日曜、祝日は22時まで、LOは閉店の30分前)
休第3月曜

徳山は、石油関連の大企業のお膝元。コンビナートの夜景は、新幹線の車窓からの名物のひとつである。

古い工業都市だけに街の規模は大きく、アーケードも広く、長い。駅のすぐ近くに旧山陽道が走り、周辺に有楽町や銀座といった地名があるのも、東京によく似ている。

徳山駅で初めて下りたのが昨年(二〇一六年)の秋口のことで、駅前ロータリーから、アーケードになっている旧山陽道に出る少し手前に、屋台が出ていた。岩国での取材の後でやって来たのだが、その晩は徳山にホテルがとれず、山陽本線の戸田駅までの移動を控えていたので、時間に余裕がなかった。本来であればまず屋台の椅子の隅のほうにひとり分の空間をいただいて、土地の人たちの言葉に耳を傾けるともなしに傾けながら一杯やりたいところなのだが、その晩の宿の最終のチェックイン時刻が早く設定されているため、ゆっくりしていられない。

あの屋台を逃したと思うと今も悔やまれるが、本稿（二〇一七年の加筆分）を書きながらそれとなく調べると、駅前屋台の営業はなんと二〇一六年の末に終わっているようなのである。駅前の大手銀行の支店が建っているような場所での屋台の営業は、むしろ街のシンボルであると私などは思うのだけれど、衛生だのなんだのを理由に体よく立ち退き、という話なのだとしたら、ちょっとさびしい気もする。東京や大阪などの大都市ばかりでなく、日本全国でこういうことが相次いでいるのかと思うと、暗澹とする。

やきとりやおでんの屋台がなくなり、ラーメンでさえ屋台営業は減っている。一方で、町おこしだかなんだかわかりませんが、屋台村なんてのを拵えるのだから、なんかこう、もっとやりようがあるのではないかと思うのだ。土地の名物を体よくそろえた新しい村には、店を営む個人の顔が見えない。二十年、三十年と通った客の体温が感じられない。

まあ、それはともかくとして、最初の徳山訪問で、私は、店の顔がよく見えるような、いい店を見つけたのだ。この地で二十年になる焼き肉の名店「まんぷく苑」。駅か

焼肉 まんぷく苑〔徳山駅〕

ら歩いて八分ほどだろうか。ちょっと懐かしい風情の佇まいに惹かれて扉を開けた。そして店内を見渡したとき、自分の目に狂いのなかったことに気づいた。

テーブルの上に煙を吸い込むダクトが低く下がり、コンロの横に、これから焼く肉の皿を載せる台が設えられている。そして、客がテーブルにつくと、テーブルを照らす小型のライトを点灯させてくれる。この光が焼く前の肉と網の上で煙をたてはじめる肉の表情を余すところなく照らして、なんとも具合がいい。一発でこの店のファンになった。

さて、今回は二度目の訪問である。徳山へ寄る楽しみを見つけた身としては、足取りも軽く、開店直後に駆けつけた。

生ビールでスタートだ。それから、こちら

の名物、ねぎ上タン塩をいきなり頼むことにしよう。薄切りの上質なタンの上で、塩をした刻みねぎが輝いている。ねぎと塩と若干の油のせいか、きらきらときらめいて、積もりかけた粉雪を思わせる。粉雪は大袈裟かもしれないが、この一品を口に運んだときにまっさきに感じる品のよさは格別。それだけははっきり言える。

ところで、このタンは刻みねぎをたっぷりのせている。このままでは、上手に焼けない。それで、薄切りのタンで挟むようにして、網にのせるのだ。ねぎを巻いた外側の両面を軽く焼いたら、もう食べごろ。ひといきに、丸ごと口に放り込むのがコツと言えば、コツである。

ねぎがたっぷりだと辛みや苦みが出ないかとご心配な方もおられようが、そこにはひと工夫ある。東京で脱サラして焼き肉店を開業し、今から二十年ほど前に地元徳山に帰ってこの店を出した藤井正英《ただひで》前社長は言う。

「こちらでの開店当初は大分のねぎを使ってみたのですが、ちょっと苦みがあった。それで、少し甘みのある関東のねぎを取り寄せることにしたんですよ」

穏やかな口調で説明してくださる。聞けば、カルビは佐賀牛を指定、ロース関連はそのときの質のいいものを選び、仕入れるという。

そこで、酒をマッコリにかえて、カルビとハラミも追加。こちらの二皿はタレ焼きで、最初にもらった小鉢のキムチともよく合う。

マッコリはたちまちお代わり。タンのほうは一気に喰いきってはいない。カルビ、ハラミ、タンの三角食べの合い間に、キムチとマッコリを挿入するのだ。実にいいテンポで食べていくと、マッコリで少し甘くなった口の中をハイボールで洗いたくなった。そこで、すっきりとした「白州ハイボール」を一杯。くいっと飲んで、またマッコリである。

このタイミングで、気になっていた「ねぎめし」という一品を頼む。

これがまあ、最高でした。

刻みねぎをたっぷり入れた醤油ダレはゴマ油の風味もよく、それを飯にかけて掻きこむのである。気がつけば、最後の飯のひと粒まで、一気に食べ終えていた。


（二〇一七年一月号）

艶やかな河豚刺しの花皿に咲き

入道〔新山口駅〕

新山口駅と聞いて、最初はぴんとこなかったが、調べてみると以前の小郡《おごおり》駅とわかった。なんでも「のぞみ号」停車駅にするとき、駅名を改称したらしい。「新」がついているので新幹線用に新しく設置された駅かと思ったわけだが、「小郡」は山陽本線のほか、宇部《うべ》線や鳥取方面へと走る山口線のターミナル駅であり、昔も今も交通の要衝である。

南側、新幹線口のロータリーには、俳人、種田山頭火《たねださんとうか》像が立っている。漂泊の俳人山頭火は山口県防府の出身で、五十歳のときから四年間、小郡に庵をもった。

分け入っても分け入っても青い山

酔うてこほろぎと寝ていたよ

新山口駅より徒歩約1分
山口市小郡下郷1288-58
☎083(973)3195
時17時～23時(LO22時30分)
休日曜(祝日の前日の場合は営業、月曜休み)

入道〔新山口駅〕

など、好きな句はいくつもあるが、この像にはまた別の一句が彫られていた。

　まったく雲がない笠をぬぎ

大酒飲みでたいへんな人だったらしいけれど、おおらかな作風が心地いい。日暮れ前のひとときを、山頭火像の前でのんびりと過ごし、さてと、と、立ちあがる。酒を飲みに行こうと、歩きだす。

北口のロータリーへ下りて右へ向かうと、ほんの二、三分で、玄関脇にその日の酒肴の品書きを提示した一軒の店に行きつく。「入道《にゅうどう》」という料理屋だ。その品書きを見て、旬の酒肴を楽しめそうだと見当がつく。

ここにしよう。

さっそく入店してカウンターに席をとる。

店内には、その日の献立が用意されていた。

訪れた晩秋の某日は秋の味覚が勢ぞろいしたところで、品書きにはカキ、鴨、松茸、トラフグなどの文字が列挙されていた。

列車での移動の間も水分を控えるのは、その晩最初の一杯のためである。迷わず頼んだ生ビールのジョッキを傾ければ、喉は、自然に鳴る。

春菊と茸のお浸しに箸をつけ、そのうまさに、これから頼む酒肴への期待を膨らませるわけだが、一方では、さて何と何を頼むべきか、あれこれ悩むことになる。

まずは揚げぎんなん。加えて、トラフグ刺しを奮発する。この季節に山口でトラフグを頼まぬ手はない。ついでに言うなら、酒も、よいものを選びたい。

ぎんなんをつまみながら生ビールを飲み干し、ときおり、ご主人の高山哲守《てつもり》さんがフグをさばく、その手元を盗み見る。

やがて一枚の丸い皿に、美しいフグ刺しの花が咲いた。

薄く引いた身を花弁に、切ったアラや皮をおしべやめしべに見立てると、このひと皿はさながら花である。

薬味の小ねぎは下関の安岡《やすおか》ねぎだ。

「東京や大阪のフグ料理屋でも小ねぎは安岡産を使うそうです」

よく香り、少しの辛みがフグを引き立てるのだとご主人に教えられる。

フグ刺しは、噛むと口中に甘みが滲んだ。食感は、硬すぎず、水っぽくもなく、申し分ない。

せっかくだからと頼んだのは「獺祭 純米吟醸 磨き二割三分」。米の八割近くを削り、芯のほうばかりで醸したぜいたくな一杯だ。

「この酒はやっぱり、うまいですね」

と声をかけると、ご主人は、そうでしょうとばかりににこりと笑って、ひとつ頷いた。

それにしても、フグの甘さよ。

「おろしてから寝かせると、うまみが出るんですよ」

なるほど。これが地もののトラフグの、比類ないうまさなのだ。

調子が出て「獺祭」の今度は磨き五割のほうをいただき、つまみは、フグの白子焼きにする。

磨き五割でも繊細すぎる感のある純米吟醸と香ばしい白子の塩焼。その相性は相当なもので、ただ、ただ、嬉しい気分が満ちてくる。

同じく山口の酒「東洋美人」を追加。ここでカキの揚げだしを併せて注文する。出てきたのは、大振りのカキが四つ入った揚げだしの深皿である。

汁はほんのりと甘く上品で、カキを口へ運ぶと、かりっとした衣の下から熱々のカキの、しっかりとした肉が出てくる。

丸い旨みの向こうにカキ特有の苦みも見え隠れして、酒が進む、進む。

さらに山口と言えばこれ、「貴《たか》」で締めることにする。すっきりとした中にもしっかりとした旨みのある定番の酒を、カキに合わせるのだ。

食べるほうの締めは、焼きサバ寿司である。これは、浅く締めたサバを軽く炙った押し寿司で、ご主人のオリジナルとのことである。

香ばしく、爽快であり、脂もありといった三拍子そろった一品だった。

列車ばかりでなく空港へのアクセスも便利なので、出張客もふらりと立ち寄る繁盛店だ。

出かける前に、一本電話を入れて席を確保するのが無難かもしれない。

（二〇一七年二月号）

冬の旬主任せでご満悦

えいじ庵〔厚狭駅〕

山陽新幹線の厚狭《あさ》駅で下車して、さてどこで飲むか、ちょっと困った。繁華な場所が見当たらないのである。ウナギ屋さんまで足を運んでみたものの、駅との往復はタクシーになるし、ウナギはおいしいが、酒場紀行の寄り道先としてどうか、ということもあった。

とはいえ、東京から各駅に下車して山口県までやってきて、厚狭駅だけ飛ばすわけにはいかぬ。なんとしても寄り道してうまいものを喰い、酒を飲むのだと、気合いを入れたら、そんなに力む必要もなかった。

山陽本線に乗り換え、新山口方面へひと駅で小野田駅に着くのだが、駅前ロータリーも小ぢんまりとしたこの田舎駅の近くに、肴自慢の店があったのである。

厚狭駅よりタクシーで約18分、または小野田駅より徒歩約1分
山口県山陽小野田市日の出3-7-21
☎0836(84)1717
時17時30分～24時(LO23時)
休月曜

ロータリーから歩いてすぐの「えいじ庵」。旬の魚介と土地の酒をしばし楽しむ寄り道にはうってつけの一軒である。

出かけたのは二〇一六年の暮れ近くのこと。東京より日暮れがやや遅いものの、一年でもっとも昼の短い時期にさしかかっていた。店の周りには、はや、夕闇が迫っている。

カウンターに席をとり、ひとまずのビールから始める。聞けば、年間を通して味わえる魚種の豊富なこの地域にあって、冬場はさらにいいという。にこやかに迎えてくださったご主人に酒肴選びをすっかりお任せして、のんびり構えることとする。

「このあたりは瀬戸内、玄海灘、日本海から魚が入ります。冬はおすすめしたいものが多くて困るほどなんですよ」

ご主人の名前は福田稔さん。このとき四十六歳。お店では毎日、オープンから経過した日数を貼りだしているのだが、私が訪ねたときは、二〇〇四日目だった。つまり、開店から五年半、ということになるのだった。

最初に供されたのは刺身である。さて、この刺身はなんだろう?

小ねぎとポン酢でいただくスタイルだが、アナゴであるとのこと。言われなければアナゴとわからない。ほどよい脂と歯ごたえが抜群で、私にとっては初めて体験する味覚だった。瀬戸内では、アナゴで何回か驚かされている。

言うまでもないことだが、ビールはたちまち空になる。

そして、酒に切り替える。山口なら当然だろうけれど「貴《たか》」がある。よし、これの純米六十をいただくことにしよう。そこへ、ご主人がみつくろってくれた刺し盛りが出た。

サワラ、〆サバ、それからタコとミル貝だ。サワラのうまさは、酒場紀行をはじめる少し前に北九州で初めて知り、驚いたもののひとつなのだが、いま、こうして、山口で食べるとまた格別。肉が厚く、うまみがたっぷりのっている切り身を軽く炙ってあり、口へ入れるとまず香ばしく、その後から口の中にとろりと広がる丸みで味覚を刺激してくれる。うまいものを喰いたいという欲求を、この刺身ひとつが満たしてくれる。

ごくあっさりと締めただけの〆サバの淡さと鮮度のよさは、見た目にも明らかだったが、実際に味わってみて何度かうなずきたくなる。今更ながらに、痺れる。

少しばかり腰のある「貴」という銘柄は、燗にしてもうまいと思う。しかしながら、この淡く、甘く、ほんのりと酸味のある〆サバをいただくあたりまでは、やはり冷やだろう。

とかなんとか、御託を並べているけれど、うまい肴が出ては冷や酒の一杯くらいあっという間になくなってしまうというだけのことだ。ミル貝もタコもいい。関門のタコは有名だが、こちらの店で出すのは。宇部の港で揚がるタコとのことである。

「さすがですね。どれも、うまい」

二杯目の「貴」に口をつけながら言うと、ご主人はにっこり笑った。

「醤油を合わせたり、ポン酢も自分でつくったりますけど、基本的に、うちの料理は素材がいいんですよ」

いかにも控えめである。するとここで、自慢の素材の中から真打が出た。底引き網をやる地元の漁師から仕入れる魚という。

「レンチョウと呼ばれる魚で、地元のソウル

フィッシュですね」

まずは刺身。小さなカレイみたいな魚だが、赤シタビラメと呼ぶのが正式らしい。魚自体はこぶりなのだが、刺身にすると、見た目はふっくらしている。そこに白ゴマを振ってある。

ワサビ醤油にちょっとつけて口へ運ぶと、コリッとした食感の後に甘さが広がる。これは、うまい。

間髪入れずに揚げ物も出る。酒は三杯目に入る。

「酒と薄口醤油をさっとかけて片栗粉をまぶして揚げるだけ。手間はないですが、素材がいいから（笑）」

ご主人の言葉を聞き終わらぬうちに、唸り声が出た。文句なしだ。これを知らずに東京でぼんやりしているのは、酒飲みとしていかにも怠慢であると痛感した次第。

（二〇一七年三月号）

ありがたやそば屋の縁と鴨つくね

蕎麦あめつち〔新下関駅〕

新下関駅よりタクシーで約15分、または下関駅よりタクシーで約5分
山口県下関市南部町21-4-202
☎080(1639)0556
時12時〜品切れ＊要予約
休水・木曜・祝日

山陽本線下関駅から市役所方面へ向かうと、右手の視界に、大きな建物が動いているような不思議な光景が飛び込んでくる。それは建物ではない。大きな船が、関門海峡をゆっくりと滑っていくのである。

魚介の豊富な街と聞いている。昔、対岸の門司《もじ》港から船に乗って下関へ渡ってきたときに、港の市場は非常に賑わってもいた。しかし、今回は市場の喧騒を求める観光ではない。うまいものを探す紀行、いや、それが大げさならご機嫌に飲める店を探す散歩にやってきたのだ。

歩いていると、老舗と思しき料理屋さんがちらほら見える。魚だけでなく、下関は焼き肉もうまいと聞いた。しかし、私が目指しているのは、実はそば屋なのだ。それ

蕎麦あめつち〔新下関駅〕

も、江戸のそばを食べさせる店である。

店名は「あめつち」。

天と地という壮大な名前だが、まあ、見つけづらい。所在は調べてあったのだけれど、行ったり来たり、しばらく迷ってようやく入店すると、店が入っているビルの素朴さとは趣を異にした、洒落た空間が迎えてくれた。

カウンター七席のみと、ごく小さい店である。

ひとりで切り盛りするのは、板垣文子《ふみこ》さん。東京・立石の名店「玄庵《げんあん》」でそば打ちを学んだ。

土曜から火曜は昼に店を開ける。打てるそばに限りがあるから品切れ御免を貫くが、オープンからまだ二年にならない（二〇一七年一月時点）のに、店の評判はすこぶるいい。予約は必須である。

最初にビールを頼むと、サッポロの赤星ラガーが出た。

かつて北九州にサッポロビールの工場があったからですかと訊くと、

「あたしの好きな銘柄をお出ししているだけです」

と、にっこり。小鉢には揚げそばが盛られているのだが、塩昆布を混在させるあたり酒好きの舌をよく知っていらっしゃる。実にうまい。この日は二日酔い気味であったが、昼からの一杯がするすると入る。

そば前の品書きを見ると、玉子焼きや板わさ、焼き海苔といった定番酒肴はもちろんだが、鴨ロース、鴨つくね、鴨ハツ焼きなど、鴨が充実している。

さて、どうしよう。辛口の冷や酒をきゅっとやりたいが、朝から何も口にしていない。何か腹に入れつつ穏やかに日本酒をスタートしたいと思っていると、こちらの体調も見抜いたようにひと言。

「つくねにしましょうか」

賛成です。最初にいただきたい辛口の酒に、つくねのほんのりとした甘みがよく合う気がした。

これも店主おすすめの「カネナカ」という酒をいただく。まずは、大辛口だ。この銘柄を私は、東京・府中の行きつけ「よし木《き》」というそば屋で教わった。

その「よし木」に教えたのは、板垣さんだ。しかも、「よし木」のご主人は板垣さんの兄弟子である。その縁で私は「あめつち」を教わり、訪ねてきたのである。

ふわふわのつくねが出てきた。効いているのはねぎとショウガか。味わいはすっきりとして甘ったるくない。つまり、酒によく合う。

こいつは具合がいいや。思わずへらへらしていると、カウンターの隅の先客と目が

蕎麦あめつち〔新下関駅〕

合った。

　週末の昼過ぎである。おいしいそば前をゆっくりと楽しんでいらっしゃる。板垣さんを間に挟むかっこうで、しばし会話を交わす。なんともいい気分だ。いつしか、というよりあっという間に二日酔いはどこかに消えて、酒が進む。

　次は、同じ「カネナカ」の生酛純米をいただく。ぬる燗にしてもらう。そこへ焼き味噌が供される。

　香ばしく、甘い味噌を舐めつつ、純米酒をスルスルと飲めばいよいよ機嫌よく、さて、もう一杯いこうかと思っていると、その気分も見抜いたものか、カラスミの皿が滑るように出てきた。

　ちょっとした飛び道具という気がする。も

ちろん酒をもう一杯。

もりそばで締める。江戸風の辛いつゆに、薬味は辛味大根とねぎ。歯ごたえのいい、香るそばをあっという間にすすりあげたら、猪口にそば湯を足して、それを最後の肴とする。

「すみません、もう一本つけて」

昼酒はそば屋に限る。日頃からそう思って、いろいろなところで、ときにしたたかに飲んでいるのだけれど、「あめつち」の酒肴、そば、酒の選び、それからなにより、この居心地のよさは、稀ではないかと思う。そば味噌をもうひとへらもらって、昼酒をやり直し、今度はかけそばで締めたい、なんてことを考えている。下関にて、にわかに去りがたし。うーん、困った、困った。

（二〇一七年四月号）

糠で炊く鰯引き立つ枡の酒

酒房　武蔵〔小倉駅〕

小倉駅のお城側に出て、平和通りからふた筋ほど右へ入ると、魚町銀天街《うおまちぎんてんがい》にぶつかる。このアーケードが完成したのは昭和二十六年。長きにわたり、洋品店、貴金属店、飲食店など、数多くの店が軒を連ねてきた。

地方都市の商店街といえば、その静けさを嘆く声もよく聞くが、魚町銀天街は本日も賑やかだ。

私は、小倉に来たら必ず、このアーケードを、市場で有名な旦過《たんが》方面へ歩く。途中、鳥町食堂街という路地があり、そこを覗くのも好きだし、昼時なら、その中の洋食を食べるもいいし、小倉きっての老舗の中華もあるから、ゆっくりとランチ酒を楽しむのもいい。

小倉駅より徒歩で約6分
福岡県北九州市小倉北区魚町1-2-20
☎093(531)0634
時16時30分〜22時30分(LO21時45分)
休日曜、祝日

旦過市場まで歩いてしまったときは、赤壁という酒屋さんでの角打ちも楽しみのひとつ。酒屋さんの店頭で飲む、あの角打ちだが、北九州市は現在も多くの角打ちができる酒屋さんを残す街なのだ。酒屋さんの多くは朝から店を開けているので、小倉で宿泊の際には、朝飯がわりにビールを飲みに出かけることもある。これが、また、ただでさえ高揚気味の旅の気分に油を注ぐ感じなのだ。

けれど、飲み屋のいちばんといえば、また話は別だ。魚町銀天街を駅方面からものの五分も歩けば道の右側に、一軒のしぶい酒場が現れる。

「酒房 武蔵」。紺の暖簾が美しい。

引き戸を開けて店に入ると、意外なほど広い。L字のカウンターには、夕方早くから、お客さんが詰めかけている。ひとりで行くならこのカウンターがいい。三人、四人なら二階だ。掘り炬燵の席もある、広い座敷になっている。

ビールを頼む。鮮度抜群のイカに壱岐対馬のウニをのせた、その名も「イカウニ」と、関門の地ダコをつまみに選ぶ。小倉は、なにしろ魚介がうまい。

カウンターに席をとり、酒場のざわめきを、ひとりぼんやりと聞くともなしに聞く。すると不思議なことに、遠い土地まで旅をしてきたことを忘れ、馴染みの店でひとり酒を楽しんでいるような気分になる。

酒房　武蔵〔小倉駅〕

まだ夕方五時過ぎだというのにカウンター席が埋まりかけている。小さな店ではないから、常連さんに挟まれて少しばかり身を縮めて飲む格好にはならない。大箱の、昔懐かしい大衆酒場の雰囲気を残す店には、どんな客がふらりと訪れても、違和感なくなじめる懐の深さがある。

だからだろう。店は流行るのだ。そして、流行る店の居心地というものは抜群である。

北九州には少しばかりの縁があり、来るたびにいろいろな店に立ち寄るのだが、この抜群の居心地が私を引き寄せるのか、「酒房 武蔵」はその日の最初に必ず立ち寄りたい一軒になっている。

店の創業は昭和二十八年。現在のご主人である本郷尚義《ほんごうなおよし》さんの両親が店を始めた。昭和三十七年生まれのご主人は東京でのサラリーマン生活を経て伝統の大衆酒場を継いだのだ。

「私が物ごころついたころから、店の看板も変わっていないんですよ。カウンターの椅子なども、開店当時からのものを修《なお》しながら使っています。古いお客さんもおられますよ。ご自身が二十歳のときにお父様に連れてきてもらったという人が、四、五十年ぶりに訪ねて来てくださったり」

こちらへ来たときの楽しみは、北九州名物の「じんだ煮」だ。イワシやサバの糠炊きなのだが、湯にさらすなどして臭みを抜いた青魚を、醬油、みりん、砂糖、唐辛子、山椒などと一緒に炊き、その煮汁に、糠を投入して、改めて魚とからめる、という。だから、糠炊きといっても、ほんのり甘く、山椒も香り、なんとも穏やかで上品な味わいになるのだ。気取らないのに、品がある。

この糠炊きが引き立てるのは、やはり日本酒だと思う。そこで頼むのは、福岡の酒「九州菊《くすぎく》」。

ほどなくして出てくるのは、枡で受ける〝もっきり〟スタイルのグラスである。枡には、「昭和28年創業　武蔵」と焼き入れてある。顎を出し、口をグラスのほうへと突き出して、ひと啜りする。それから後は、手元へ引いて、枡ごともってぐいっとやる。

酒房　武蔵〔小倉駅〕

「じんだ煮」をつまみ、また酒を飲む。純米吟醸の酒を、糠炊きが引き立てる。かなり、いい気分になってくる。

九州の言葉が飛び交っているだけかと思うと、ふと気がつけば関東弁が聞こえていたりもする。伝統のある店で、うまくて安く、一度寄ったら忘れられない魅力があるから、きっと出張や観光の行き来に立ち寄る人が多いのだろう。何を隠そう、私もそのひとりだ。

最初は地元出身の友人に連れられてきて、すっかり気に入って、今、小倉で飲みたいという人がいると紹介し、一緒に動くときには必ずご案内する。イチゲンをその気にさせる魅力が、「武蔵」にあるからだろう。

（二〇一七年五月号）

四季問わず小倉の最後はこの店で

BIG VEN〔小倉駅〕

小倉の繁華街はこぢんまりとしていて、店から店への移動も楽だ。最後の店からホテルまでも、歩いて帰れる。そんなエリアにたくさんの飲食店がある。

「酒房 武蔵」を出て、駅から南下する平和通りへと戻り、小倉駅前交差点をわたった先の南側が、鍛治町である。その一角の古びた雑居ビルの地下に、おすすめしたいバーがある。

店の名前は「BIG VEN」。オーナーバーテンダーの下迫勉《しもさこつとむ》さんは、いつ伺っても、笑顔で迎えてくれるベテランだ。

バーテンダーの世界に入って四十八年。前半の二十三年はホテルのバーマンとして腕を磨いてきた。さりげなく、そういう話を聞かせてくれる。

小倉駅より徒歩で約8分
福岡県北九州市小倉北区
鍛冶町1-2-2 坪根ビル B1F
☎093(531)7171
時19時～26時
休土曜

小倉の名門ホテルといえば、小倉日活ホテル。後に小倉ホテルと名を変えることになるのだが、小倉といえば、昔は小倉日活ホテルだった。バーテンダーたちにも、強い自負があったという。

私が下迫さんにお会いしてから、かれこれ十二年になるが、いつか、こんな話を聞いたことがある。

カクテルについてはね。他人様に負けるような修業はしていないんですよ……。

九州きっての繁華街である小倉で腕を磨いた若き日々。各界の、名のある人々の相手をしてきた。その中で、サービスも、酒づくりも、人との付き合いも、すべてを学んできたのだろう。私も、自分が五十代になって、はじめてわかることがある。若いころに、自分がいた道をよく知る先輩と出会うことが、その人にとっていかに大きい経験になるか。

私ごとき門外漢が恐縮だが、バーテンダーの世界で尊敬する先達とは、文字通り職場の先輩であるのだろうけれど、実は、よく働き、よく遊んだ、かつての洒脱なお客さんたちだったのではないか。

この店に行くたび、下迫さんの、すべて、わかっていますよ、と語っているような、それでいてちっとも威張らない、ざっくばらんな仕草ともの言いに、私はそういうことを感じるのである。

ある晩のことだった。少し遅くなってから、小倉に着いた。ホテルに荷物をおろし、さっそく出かけると、ちょうど、夜が熟しかけた時間帯で、カウンターはほぼ一杯であった。

「一杯ですか」

そう声をかけると、下迫さんが答える前に、カウンターのお客さんが椅子を寄せて、一席空いていたところへ誘ってくれた。

「どうも、すみません」

ひと言、言って、座る。カウンターで飲んでいたひとり客、ふたり客、少しにぎやかな四人組、それぞれが、ちらっとこちらを見る。

「いらっしゃまいせ」

下迫さんの、顔見知りを見る目線に、みなさん、ちょっと安心するようでもある。直接は知らないが、この店を好きな人ならお互い歓迎ですね。目線に、そんな空気を感じる。

親しすぎず、疎外もしない。

東京から、年に一度か二度しか来ることのできない私のような客にとって、小倉で一泊するときに、こちらほど、ありがたい店はない。

スタンダードカクテルも、ウイスキーも、いろいろ飲んできて、杯を重ねるごとに去りがたい気分になることしばしばだった。

ウイスキーサワーはオールドスタイル。ウイスキーのベースを「ザ・マッカラン」にしてはとすすめられて試した一杯の感激は生涯、私の記憶から去らないと思う。

九州なのに小倉の冬は寒いのだけれど、冷え切って駆け込んだ晩に飲んだ、ホットバタードラムも格別だった。バターにあらかじめシナモンなどのスパイスを混ぜ込んでおいたペーストをラムに溶かしていただく。腹の底から文字通り温まるのはもちろんだが、ひとり旅の、その日最後の一杯としては、胸の奥でほのぼのと温めてくれる一杯でもある。

夏場もいい。ジントニックから始まって、モスコーミュール、ダイキリ。あるいはブラッディメアリーからバラライカ。こちらへ来たら、スタンダードを存分に味わってはいかがだろう。

酒と酒場と人を知っている。そういう安心感を体現しているバーテンダーにスタンダードをつくってもらう時間くらい、ありがたいものもない。

ふと、見れば、男女を問わず、ひとり客の姿もちらほら見える。なるほどなあ、と思う。

ひと仕事終えて、さあ、帰ろうというまさにそのとき、この店の、柔らかな電球の灯りに照らされたカウンターが目に浮かんで当然だと思う。そういう気持ちは、老若男女、いつの世も一緒だろう。

小倉には、仕事ではもちろん、個人的な趣味としては競馬のために、たまに来る。その日程が決まると私は、ああ、また下迫さんに会えると、嬉しくなる。小倉といえば、この店、なのである。

（二〇一七年二月取材）

やきとりを追加する間に袖まくり

焼鳥　筑ぜん〔博多駅〕

博多駅より徒歩約8分
福岡県福岡市博多区博多駅前3-7-9
☎092(474)6935
時17時〜25時(LO24時30分)
休不定休

博多くらいの大都市になると、ふらりと街へ出て、風情のいい飲み屋に巡り合うのはかなり難しい。かといって情報収集をインターネットに頼ってがっかりさせられることもある。大きな街で時間を過ごすには、土地をよく知る人に訊くに限る。

幸いにも、酒の得意な知り合いがいて、三軒の酒場を教えてくれた。

その一軒が博多駅から徒歩五分ほどの市街中心部にある「焼鳥　筑ぜん」だ。

午後五時の開店と同時に入り、カウンターの隅に席を取った。

「ちょうど三十五周年を迎えたばかりなんですよ」

店主の渡邉賢策《けんさく》さんがにこやかな表情で話す。カウンターの内側は広々としており、そこに焼き台が設えてある。この店は、朝引きのササミにはじまり、地鶏、豚、牛の各種の串ものに定評がある。やきとり屋だが、一品料理も充実しているようだ。さあ、まずは生ビールで喉を潤そうか。

串ものは、お任せで八本頼む。最初にあがってきたのが、鶏のミンチボールと豚バラだ。ミンチはほくほく、豚バラはタマネギと一緒に焼いた福岡流。これが抜群にうまい。

串の皿の下に敷いてあるのは、キャベツ。このキャベツには、絶妙な味わいのタレがかけてある。中身は酢と薄口醤油とレモン汁のみ。塩辛すぎず、品のいいドレッシングになっていて、塩やソースで食べる居酒屋バージョンとは趣を異にする。地味だけれど、うまいですぞ。

次に焼き上がったのは、鶏の皮、四ツ身(鶏のモモ肉)、そして、味噌サガリ。はて、サガリとは何か。聞いてみれば、横隔膜である。牛もあるが、味噌ダレで焼くのは豚のサガリ、とのことである。

横隔膜というとハラミだが、サガリはハラミのさらに下の部位だそうで、口にしてみると柔らかで、実にうまい。

ふと見ると、奥の棚には、底をこちらに向けて、瓶がずらりと並んでいる。常連さんのキープ焼酎だ。芋焼酎が人気とのことだが、なんと、この店にはホッピーもあっ

焼鳥　筑ぜん〔博多駅〕

た。

関東から出張や赴任で来た客のためにと仕入れたというが、せっかくだから、それをいただくことにした。

福岡は今、住みたい街の上位にランクされる人気の土地と聞いた。渡邉さんが教えてくれる。

「糸島という半島があって、魚介も豊富だし、農業も盛ん。人気の土地で、住みたいという人も多いんです」

聞けば、博多駅近くからのアクセスもよく、住むならここと思わせる魅力に富む土地だという。

時間があれば、そんなところまで車で飛ばしてみたい気がするが、今夜はひとまず、賑やかな博多の夜を楽しもう……。

そんなことを思いながら店内を見回すと、午後六時を過ぎるころから客数が増え始め、七時にはほぼ満席になった。街の中心地であるためか、スーツ姿の男性が多い。気分がいいのは、スマートフォンをテーブルの上に出している人がほとんどいないということだ。ときどきスマホに目をやるばかりで人の話をまともに聞かない。酒場でそういう光景に出会うほど味気ないものはない。しかし今夜は、その心配は無用だ。

さあ、飲もう。これから出てくる砂ずりや牛串を待つ間、軽く汗ばんできてシャツの袖をまくる。すると、その目の前に、目当ての串ものがまた二本、運ばれてきた。

スナズリはこりこり、しゃきしゃきした独特の歯ごたえが持ち味で酒のつまみには最適だし、牛串は脂がとろりとして甘く、うまい。八本の盛り合わせに、豚、鶏、牛とそろい踏みなのも、楽しい。

店内は、どんどん混み合ってくる。相変わらず、スーツ姿が多い。そして、賑やかである。しかし、煩《うるさ》いわけではない。みなさんの酒が陽気で楽しそうだから、店内が明るく感じられるのかもしれない。居酒屋、やきとり屋、大衆酒場にいつも満ちていた空気。今、東京の都心の酒場でこの空気に満ちている酒場

がどれくらい残っているだろう。

ホッピーの中身をいただく。運ばれていたジョッキを見て笑う。焼酎の量がぐんと増えている。これこれ、東京風ってやつですか。

私も焼酎のボトルを一本入れたくなっている。博多駅からすぐ近くなら、そう遠くないうちにまた訪れるチャンスがきっとある。そう思わせる、楽しさがこの店にはあるようだ。

厚揚げがきた。甘辛で、さくさくとして、これも申し分ない。ひとりで来たお父さんにも、店員さんたちはやさしく声をかける。何人かで来たビジネスマンたちは、二時間くらいできれいに割り勘して帰るのか。

飲みつけている大人の集まる店で飲む金曜の晩。博多の夜は始まったばかりである。

（二〇一七年六月号）

梅雨寒や博多二軒目三軒目

Bar Oscar〔博多駅〕

博多駅より車で20分、または福岡市営地下鉄空港線赤坂駅より徒歩約6分
福岡市中央区大名1-10-29
ステージ1大名6F
☎092(721)5352
時18時〜28時(LO27時)
休日曜(祝前日は営業、月曜休み)

博多で飲む夜には、必ず寄りたい店がある。それが「Bar《バー》 Oscar《オスカー》」だ。開店直後に扉を開けて、飛行機の最終便までの間に大急ぎで飲んだこともあるが、博多の市街に宿をとり、ゆっくり訪ねるほうが、やはり楽しみは深い。この店は、博多きっての名店のひとつである。

何年ぶりだろう――。

扉を開けるとき、そう思った。オーナーバーテンダーの長友修一《ながともしゅういち》さんを知ったのは、私が、仕事のからみもあって足しげくバーに通ったころにさかのぼる。もう、十年以上、いや、十五年も前のことか。

カウンターの向こうで、懐かしい顔が迎えてくれた。

スマートで、ちっとも変わらない。鬢《びん》のあたりに白いものが見えるのはお互いさま。こちらのくたびれぶりが恥ずかしいくらいに、長友さんは颯爽としている。

やきとりで焼酎を楽しんだ後だった。まずはジンリッキーを頼む。長友さんがその一杯をつくる間に、バックバーを見上げる。

店は今年で二十一年目。カウンターや、酒瓶の並ぶ棚は渋みを帯びて、安堵の息がもれるほどに落ち着くのだが、カウンターの向こうでは、一杯の飲み物に思いを込める手技と息遣いが、独特の空気をつくり、ほどよい緊張感を生み出している。

「お待たせいたしました」

長友さんの手が伸びて、私の前にグラスが置かれる。その瞬間に、カウンターの内と外を隔てていた見えない膜が消えて、空気が和らぎ、緊張がほぐれる。

ひと口、飲んで、息を吐く。

「ご無沙汰しました」

「こちらこそ。何年になりますか」

特に親しいわけではない。長友さんが博多に店を出したとき、私はまだ、バーのなんたるかを知らなかったから、もとより常連でもない。

けれど、懐かしい。長友さんが師と仰いだ人や腕を競い合った仲間たちは、東京で、みなさん、活躍されている。当然のことながらそれぞれの個性があるけれど、立ち居振る舞いや所作の中に同じスジが通っているような気がして、それが、懐かしさを呼び起こすのかもしれない。

隣のお客さんのグラスから、スコットランドのアイラ島産モルトの、かなり強めの香りが漂っている。その向こうの二人連れからはホワイトレディの注文があった。

長友さんの所作を見る。シェークの前に一歩足を踏み出し、腰をぴたりと据えて振りだす。振り方は銀座の師匠譲り。テンポと切れが冴える。私も一杯、振ってもらおうと、ウイスキーサワーを頼んだ。ベースのウイスキーはお任せしたら、ライウイスキーでつくってくれた。強いシェークによってカクテルの表面に氷の砕片が浮く絶妙な仕上がり。飲みごたえもしっかりしている。

私は、二杯目にしてすっかり寛いだ気分になってくるのだが、折から店も混みだした。長友さんとサポートのバーテンダーに、一時の休む暇もない。この忙しさによって、彼らはさらに腕を磨く。

「アイラモルト、いいのありますか」

私も強い香りの一杯がほしくなった。すると、スコッチモルトソサエティの一本が出た。

「うまいですよ。相当に、強い酒ですが」

「ラフロイグ」の十六年、シングルカスク（一本の樽からとった原酒）で度数は五八・五度。グラスに鼻を近づけると上等なシングルモルトの香りが立ちあがる。アイラモルトはヨードチンキのような独特の匂いとスモーキーな香りに特徴があるが、目の前の一杯は、その香りの角が絶妙に丸まっている。そして、強い。

「これは、たしかに、うまいですね」

実際、目の覚めるような香味である。私がしきりに感心していると、後から入って来て私より入り口近くの席に座った若いお客さんが、ちらちらとこちらを見ている。

「これは、いいですよ」

思わず、声をかけていた。

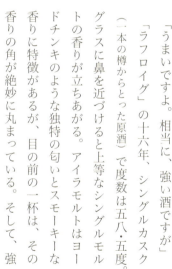

長友さんは、それを見て、にっこり笑った。

若いお客さんは、こういう本格的なバーに来るのは初めてなんです、と告白した。初めての店にこちらを選ぶとは、なかなかいい度胸をしているじゃないの……。私はこのひと言を飲み込んだ。

彼が、私と同じものを頼んだ。一杯奢るのが筋かもしれないが、甘やかしてはいけない。長友さんも、それは喜ばないような気がした。

ひと口、口に含んだ彼は、目を見開いた。あまりの強さに驚いたのだ。むせなくてよかった。私は、彼にとってこの日が、ちょっとした変わり目になるかもしれないと思った。

店を出て、中洲へ向かうことにした。博多の夜が熟し始めている。雨は降っていないが、少し肌寒い。

タクシーを止めるか、ぶらり、歩くか。酒で火照った顔に、湿った涼風が心地いい。

（二〇一七年七月号）

コラム⑤

ぶらりと寄った店で新情報を仕入れる

せっかく下りた初めての駅だから、一軒だけですますのは、いかにももったいない。仮に、居酒屋や割烹の後で二軒目にバーへ行きたいと思う。そんなとき、店の主や従業員にさらりと質問してしまうのがいい。

日ごろ、フグを捌いているような人が、洋酒好きで、いきつけのバーを教えてくれる、なんてことがある。

逆に、バーを情報収集の拠点にすると、紹介される店のジャンルが広がる。寿司、焼肉、イタリアンにお好み焼き、はたまた朝から飲める立ち飲み屋まで、いろいろ教えてもらえることがある。「こだま酒場紀行」の途中でも、広島の西条の店で、広島市内の割烹のお噂を聞いたし、小倉のバーのマスターからまた別の名店を教わったりもした。

土地鑑のない街で限られた時間に少しだけ欲張るには、腰の低い旅人になる必要がある。すみませんが、ちょっと教えてください。このひと言が、寄り道をさらに楽しくしてくれる。

もっと！
こだま酒場紀行

京都、肉三昧の夜

晩秋のある日、京都駅に下り立った、東男ひとり。

今夜は京都で、しかも京女の案内で、「肉」を食べるのです。

肉ブームの昨今ですが、京都は昔から肉好きの都。

おいしいお酒と、いいお肉。祇園の夜は更けていきます……。


京都で、思う存分に肉を食べませんか——。

この秋、そんなお話をいただいた。思えば人生半世紀、これほど魅力的なお誘いを受けたことがかつて何度あっただろうか。実は、ないのです、そんな経験は……。だから返事は快諾も快諾。話をいただいた瞬間から、京の街を歩くその日のことを心待ちにしてまいりました。

そうして、京都肉三昧の旅に出たのが十月の末。私を待っていて下さったのは京都在住ライターの安藤寿和子《すわこ》さんです。年回りも一緒、仕事も一緒。しかもこの地に生まれた京女が案内役を買って出てくれたというのだから、これほど安心なことはない。

まず向かいましたのが、「モリタ屋」さんです。創業明治二（一八六九）年というから、我が国の牛肉文化の先がけ中の先がけということができるでしょうか。この名門で、すき焼きを喰おうというのです。すぐに調子に乗ってしまう関東モンの私はもう、へらへら笑いが止まらない。

モリタ屋さんで伺いますと、同店で供する牛肉は、同社の社長が市場で直接買い付けるものという。飲食業だけでなく卸や小売りも手がけているから、これという最高の牛を一頭まるごと買いつけて一切の無駄が出ない。加えて、肉が最高においしい状態になるまで自社で熟成させてから供するという徹底ぶりである。ああ、聞いているだけで期待が膨らむ。早く、早く、すき焼きを食べたい。

ビールで乾杯するのももどかしく、日頃小食な自分の食欲に驚いていると、そこへ、まことに美しい仲居さんが現れて、鍋を熱し、脂をひき、頃合いを見計らってザラメを投入。割り下はまだ入れず、先に肉を焼くのが関西流だ。音をたてて、見るからに上質の肉が焼けていく。そこでささっと割り下を注ぎ、かるく馴染ませたかと思うともう、手元の生卵を溶いた碗に、大振りの一枚がするりとすべりこんできた。

こういう一連の流れは、止めてはいけないと、さっそく碗を手にとり、卵にからめるようにして、口へ流し込む。卵の冷たさの背後に熱々の牛肉が現れる。ザラメの食感が軽く残るようでもある。甘い。甘くて、とろりとして、口の中で溶ける。これは、うまいぞ。

まさにすき「焼き」。焼く前に砂糖を入れるのが、京都の流儀

肉は産地にこだわらず、最上のものを仕入れる

老舗、モリタ屋の四条猪熊本店へ

「お相伴します」

と、寿和子さん。さすがは京女だ。いただきますぅ、なんてヤボは口にしない。しとやかである。

とはいえ、私にひと口遅れて絶品の肉を頬ばった後は、うむうむうむうむ……と言葉にならぬくぐもった声をもらし、肉を嚥下《えんげ》してなお口中に残るうまさの余韻に、「おいひい」と思わず漏らしたのだった。おいひい、は、私の率直な感想でもある。うまいものを食す感動に、西も東もない。

淡路のタマネギや九条ねぎ、豆腐にもち麩、シラタキが入り、野菜の水分で味を調整する。お酒を使っていない割り下は、モリタ屋さんの自家製だ。

ねぎがうまい。関東の白くて太いねぎの小口切りだけを乱暴に投入した味噌汁は私の好物だけれど、この、やや甘い、とろけるようなすき

オイル焼きとは「鉄板焼き」なのだが、仲居さんが焼いた肉を、あまつさえ取り分けていただいたりすると、嗚呼これはオイル焼きだ、という気になる

すき焼きづくりを眺めていると、野菜の上にもザラメをぱらり

焼きには、新鮮で歯ごたえもいい九条ねぎの青いところが、やはり最高だと思う。

鍋に残った濃厚な汁をそのまま活かして、そこに、うどん玉を投入すればうまいことは間違いないが、それでは完全に一丁上がりになってしまう。ここは冷や酒を注文しつつ、さらにもうひと贅沢をしたい。さてどうしたものか。寿和子さんが助け舟を出す。仲居さんに、こう切り出した。

「すき焼きの後でオイル焼き。そういう人、いやはらへんね?」

「それが、ですね」

「いはんにゃ」

「もう少し召し上がりたいお客様には、お味を変えたらいかがでしょうと、おすすめしています」

賛成。いきます、それです、味を変えます。

調子者は俄然元気になるのだが、ここで仕切り直しに出てきたのが、オイル焼きです。

鉄板焼きなのだが、まずはオリーブオイルを鉄板に塗る。そこへサーロインとヒレの五十グラム程度の小ぶりのステーキ、タマネギ、シイタケ、カボチャ、ニンジン、万願寺とうがらしなどを並べる。すると、色合いも美しい鉄板上の光景が完成する。

焼けたら、食べる。醤油ダレの中心に大根おろしと卵の黄身をおき、ショウガの搾り汁を加え、最後に七味唐辛子で辛みと香りを調整した魅惑のつけダレに、ちょいとつけて食べるのだ。このタレ、黄身おろしという。

肉を頬ばり、野菜を噛む。すき焼きの味をすっかり更新してくれる黄身おろしは、濃厚と清新を兼ねる絶妙なタレだから、素材はなおいっそう引き立つ。私は生来涙もろいが、うまいものを喰って涙目になっているのだけは他人様に見られたくない。「あの人も苦労したのね」と思われたくないのではなくて、他愛なく感動する姿を見られたくないのだ。しかし寿和子さんは違う。にっこり笑って言うのである。

「盆と正月、一緒に来たみたいやね。いやもう、一日で食べるのもったいないわ。明日に分けて食べたい」

濃厚と清新？　バカを言っているんじゃないよと、バケツの水をぶっかけられたような爽快さが私を包む。さあ、二軒目、行ってみよう！

伺いましたのは「安参《やっさん》」。少し歩いてビールと日本酒の酔いをさまし、腹ごなしもすませて、肉割烹の名店のカウンター席に座った。

焼酎にしましょか。そうやね。ふたりでごま焼酎のロックを頼む。食べ物のほうは、任せておけばいいと、この店を知る寿和子さんは言った。

ほどなくして出てきたのは刺身。ツンゲというのか、牛タンの刺しだ。青ネギ、辛子と、溜まり醤油ふうのタレで食べると教わる。

「ほな、呼ばれよ」

寿和子さんがさらりと発するひと言がいい。私も、「せやな、ほな、呼ばれよか」くらい言いたいのだが、無理したって始まらない。

タンを口に含んで、噛む。粘るような柔らかさがあるのに、タン独特のシコシコした食感もある。こんなタンは生まれて初めてだ。

二十人は余裕で座れそうなカウンター席はほぼ満員。相当な賑わいぶりだが、周囲のことがまるで気にならないくらいに、最初のタンに驚いた。

次はヘルツ。ハートだから心臓、つまりハツですか。血の匂いのしない刺身は、言われなければ何の刺身か言い当てられない。これもまた、人生初体験。参ったねえ。モツといえばもっぱら豚に親しんできた私には、未知の領域といっていい。しかし、うまい。

その後も赤身の刺身、テールの煮こごり、ミノの湯引き、ロース一枚肉のカイワレ巻きなどなど魅惑の品が次々に出てくる。ごま焼酎から角瓶のソーダ割りにスイッチした私は、完全に飲みモードである。

本当はこの店の焼き系の料理にも手を出してみたい。これだけの肉とモツ系を供する店の、焼き系が、まずかろうはずがないのだ。しかし、本日そこまでの腹の余裕がない。

上　「コールテール」と呼ばれる逸品はいわばテールの煮こごり。手で持ってむしゃぶりつけば、うまさに驚く

下　ミノの湯引きはもみじおろしの入ったポン酢醤油でさっぱりいただく

カイワレを牛ロースの一枚肉で巻いた一品

一方で、寿和子さんが頼んだテールの煮込みにパンをつけて齧っていると、ワインがほしくなる。近いうちにもう一度、完璧な空腹状態で来なければ、この店のまだまだ知らない深いところにたどりつけないと、つくづく思った。

「次に京都来るとき連絡ください。ひねた芸者ですけど、またご案内します」

と寿和子さん。言われなくたって連絡しますよ。私はそう言いながら次の関西出張がいつになるのか、思いめぐらしていた。

店を出るとき、女将さんが玄関の外まで送って下さった。やさしい、いい笑顔で、イチゲンの私を送ってくれる。

安参名物のテールの煮込みには刻んだねぎをたっぷりと

にぎやかな祇園の路地に立つ。高く掲げられた赤い提灯が目印

角を曲がろうとしたとき寿和子さんが言う。

「はい、ここで振り返ってごあいさつ」

言われるままに振り返ると、女将さんはまだ店の前に立っていて、振り返った私たちに改めてお辞儀をした。

この仕来たりを知らないと恥をかくぜ。いいことを教えてくれた寿和子さんにお礼をしたい。私は、京都で一軒だけ、たまに訪ねることのあるバーへ、寿和子さんを誘った。

モリタ屋 四条猪熊本店
京都市中京区猪熊通四条上ル錦猪熊町521-2F
☎075(842)0298
時昼11時30分～14時30分、夜17時～21時(月～金曜)、11時30分～21時45分(土曜、ランチは14時30分まで)、11時30分～21時(日曜、ランチメニューは14時30分まで)＊いずれも最終入店時間
休12/31～1/1

安参
京都市東山区祇園町北側347-10
☎075(541)9666
時18時～22時30分(LO22時)
休日曜・祝日、12/28～1/4

名古屋発、島飲み紀行

愛知県は知多半島の先に浮かぶ日間賀島《ひまかじま》まで、ふらり旅。名物のタコをはじめ、伊勢湾や三河湾で水揚げされた新鮮な魚介に舌鼓を打ちながら、グイッと一献傾けます。

そうだ、名古屋から島へ渡ろう

名古屋でぽっかり、時間が空いた。まだ昼過ぎ。さて、どうしようか。

昼の間は観光をし、夜はうまいものを喰い、少し飲んで、新幹線で帰るか。たしか、東京行きの最終は二十二時ごろまである……。

いや、しかし、明日は週末、急ぎの予定も入っていない。一泊できる。せっかくなら少し足をのばしてみたい……。

地図を調べてみて驚いた。知多半島の先に、島がある。日間賀島という。知多半島と渥美半島にはさまれた伊良湖《いらご》水道は潮の流れが速く、魚種は豊富で、ときに釣り船からでもかなりの大物を狙えると、聞いたことがある。乗合船の客になるほどの時間はないだろうが、日間賀島もきっと魚介がうまいと想像はつく。それに、久しぶりで、海も見てみたい。

さっそく交通機関を調べると、意外なほど近い。名鉄河和《こうわ》線の特急で名古屋駅から五十分ほどで河和駅。そこから港まではバスもあるが歩いてもわけはない。港からは船である。幸いなことに天気もいい。船のデッキで風に吹かれながら海を眺めたら気分がいいだろう。頭の中に、そんな爽快な想像が満ちてしまっては、行きたい欲求に抗いようもない。

十四時半を過ぎたころ、船は日間賀島の港に着いていた。

さっそくガイドマップを手に入れると、この島は、びっくりするほど小さい。周囲がわずかに五・五キロという。いいのだ。こういう小さな島が、目当てだったのだ。

足元の海を見下ろすと、潮は引いているようで、堤防のコンクリートの下のほうは濡れて色が濃くなっている。海の近くに住んだことはないのに潮の香りはいつも懐かしい。堤防を歩くと、コンクリートのつなぎ目にいたフナムシがさっと姿を隠す。それも妙に懐かしい気がするから不思議だ。

島の北側には、知多半島の先端、師崎《もろざき》と連絡するカーフェリーの桟橋や漁港があるらしい。明日は、ぶらぶらと、島全域を歩いてみようか。

ひとまず西港付近を散策する。漁師町の細い路地をあてもなくたどっていき、ふと見

知多半島から日間賀島へ渡るには、河和港と師崎港から出ている定期高速船が便利。師崎港からはカーフェリーも利用できる

ると、道端におかれた笊《ざる》で、天草《てんぐさ》を干している。海藻が豊富なら、浜や磯で小魚や貝が育つ。貝が豊富なら、タコもたくさん獲れるか。

　と思う間もなく、通りかかった「かねと商店」の店先を見れば、竹串をつかって目いっぱいに広げられたうえにペロ〜ンと釣り下げられたタコが、海からの風に、かすかに揺られているのであった。実に立派なタコである。

　店内をのぞいてみると、アジやイワシ、ミル貝なども干物にするらしく、季節になればフグもいいという。私はまったく知らなかったけれど、こちらのトラフグは、タコと並ぶ名物であるらしい。

西側の集落を散策。海の向こう側にそびえるひときわ高い建物は、南知多町のリゾート施設「チッタ・ナポリ」

干ダコを見物。「かねと商店」にて

島の民宿、タコで飲む最高の夜

十五時を過ぎて、宿へ行くと、もう部屋も風呂も用意ができているという。

漁師民宿「やまに」。通された三階の客室は気持ちのいい和室で、窓からいい風が入る。部屋の隣が浴場なのだろうか。そこも窓を開け放っているのか。湯面を打つ、たっぷりの湯の音が、響いてくる。

テレビはつけない、メールチェックもしない。急用があれば電話があるだろうと太い気分になって、押し入れから枕をとりだし、携行してきたウイスキーを少しだけなめて、畳に寝そべる。気分がいいねえ。

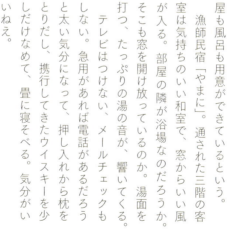

気がつくと、眠っていた。急がぬ旅なので、夕食は遅めにしてもらっている。暗くなりかけた港へ、また出てみることにした。

堤防に釣り人の姿がある。夕映えの西空。影絵になった釣り人の後ろ姿。この時刻になって風が強くなっている。振り返ると東の空に、少し霞んだ、月も見える。視線を西へ戻すと、残照の中、小さな漁船は、港を目指す。きれいだなあ。酒が飲みてぇ……。この短絡に、意味はない。

食事処に腰を下ろすや、ああ、来てよかったと表情が崩れてしまった。ビールの栓を抜き、うまし、なんて一人で悦に入っていると、茹でたてのワタリガニが先陣を切った。甲羅の中には味噌がたっぷり。夢中で食べる。

次に畳みかけてきたのは、上品だが脂ものった石ガレイの刺身と、伊勢エビ、アワビ、平貝の貝柱のお造りの皿である。

もはや、言葉は出ない。フガフガ言いながら喰い、飲む。ここは漁師の宿だ。獲ってきた魚介を料理し、宿泊客に提供する。その営みを、家族できりもりしている。そういう家が、この島には、実に多いらしい。

クルマエビは生きたままである。殻をとってしゃぶりつき、味噌まで吸いつくす。酒を、島の焼酎として推しているという「けっこい」に切り替えた。初めて飲むが、甲類と乙類の混和焼酎である。すっきりしていてうまい。ちょっと濃い目の水割りくらいが、ちょうどいい。

焼きものは、大アサリとサザエ。煮つけはカサゴ。それから、極めつきのタコの塩茹でが出た。茹でただけ。あったかい。ちょっと小ぶりで可愛らしいタコ一匹、まことに気の毒だけれど、ハサミでちょっきん、と切っちゃって、なにもつけずに口へ放り込む。

そのうまさ、物書きが言っちゃいけないことですが、筆舌に尽くしがたい。

てんぷらが出る、香のものも出る。白いご飯は最後だが、実は途中で、絶品のタコ飯が出たのだ。タコ飯の独特のコクが、最近では食欲減退気味の私を、奮い立たせる。

旅館の懐石もいいが、こうした、シンプルすぎて抗いようのない味覚に出会うと、ただただ、ニタリとするしかない。脱帽するしかない。あれこれ論評する奴はどうかしている、とさえ思う。

タコを少し残したら、翌朝の食卓に酢ダコにして出しましょうと言ってくれる。酒も氷と一緒に、部屋へ持ち帰っていいと言ってくれる。うれしいねえ。風呂につかった後で、また、ひとりで飲める。

幸い風呂は空いていて、四肢を伸ばして十分にのんびりできた。手足の指の先まで血が巡る。どうやら船のデッキか港で少し焼けたようで、顔が熱い。

風呂から出て、浴衣になる。残りの焼酎を飲む。窓は開けたまま。電気を消してしばらくすると、月明かりが部屋の中をぼんやり照らした。なんという、いい夜だろう。

島の名物をお供に昼から飲む贅沢

深く眠って四時に起き、朝日の見える、東のビーチまで出向いた。残念ながら曇っている。けれど、しばらく見ていると、厚くない雲の下側に、赤く焼けた細い帯が見えた。

サンライズビーチから少し歩いて島の東端へ。のどかな海を前に、おのずと心がほどける

暗いうちから散歩をするお父さんたち、みんなが、声をかけてくれる。短髪の胡麻塩頭。肩はがっしり。きっと漁師さんだったのだろう。西港へ戻ると、老夫婦が小さな漁船と網などを洗っていた。堤防に置いた籠の中を見ると、小さなエビである。赤車《あかしゃ》エビらしい。

朝から海辺を歩いて身体が冷えたが、宿へ帰ると風呂の支度は整っていた。窓を開け、早朝の空を見上げながら湯船であたたまる。たった一泊だけれど、この旅は格別だ。

上　日間賀島を訪れたら、やはり、これは外せない。ボイルしたシンプルなタコは想像以上の柔らかさ

中右　透明感がある石ガレイの刺身。程よい弾力があり、新鮮そのものの味

中中　身も味噌もぎっしりと詰まったワタリガニ。女将さんが上手な食べ方を丁寧に教えてくれた

中左　ほかほかのタコ飯は、ご飯一粒一粒にうまみが染みていて、口に運ぶほどに表情が緩む

下　日暮れの散歩を終えてキュッと一杯。夕食のメニューは、その日に獲れた魚介類が中心。何が食べられるかは当日のお楽しみ

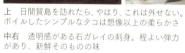

風呂上がりにまた、ひと眠りする。

朝飯の、島の名物であるシラスとアジの開きがうまい。昨夜の伊勢エビの頭で出しをとった味噌汁も比類ない。

九時に宿を出て、また、散策する。標高は、高いところで三十メートルくらいのものらしいが、少し登ると急に眺望が開けたりする。島に唯一の資料館や小学校、中学校、お寺など、見て回り、気がつくとまた、港へ戻っていた。

レンタサイクルで遊ぶ若い娘さんたちや、堤防から貸し竿で釣りを試みるカップルの姿も見える。エビとタコの姿焼を売る店「鈴円《すずえん》本舗」に行きあたって中へ入ると、タコ一匹に片栗粉をまぶしてから鉄板で挟み、なんともうまい、せんべいを焼いてくれた。しかも、缶ビールも売っている。飲まないという選択肢はない。朝酒となった。

港でぼんやりしていると、ほどなくして、海の目の前の「KITCHEN macha」という店が開店した。どうやら昼から軽く飲めそうだ。タコと貝とエビのアヒージョでボトルのモヒートから白ワインを二杯。まだ昼前だが、かまわずに飲む。うまい。タコ飯やパスタもある。次回はここで、昼食をゆっくり楽しみたいと思う。

船の時刻が迫ってきた。お別れの前に昨日の干物屋に寄ると、長野県伊那市富県《とみがた》小学校のみなさんが、干物作り体験中であった。山の学校の子が、やや興奮しながら島で獲れたタコをさばき、干している。

いい光景を見た。

私は、そのタコを含めて干物各種をクール便で東京へ送る手配をすませ、港へ急いだ。

◆日間賀島へのアクセス
名古屋駅から名鉄河和線で河和駅下車（特急で約50分）、河和駅から河和港へ（徒歩約5分）、河和港から高速船（約20分）

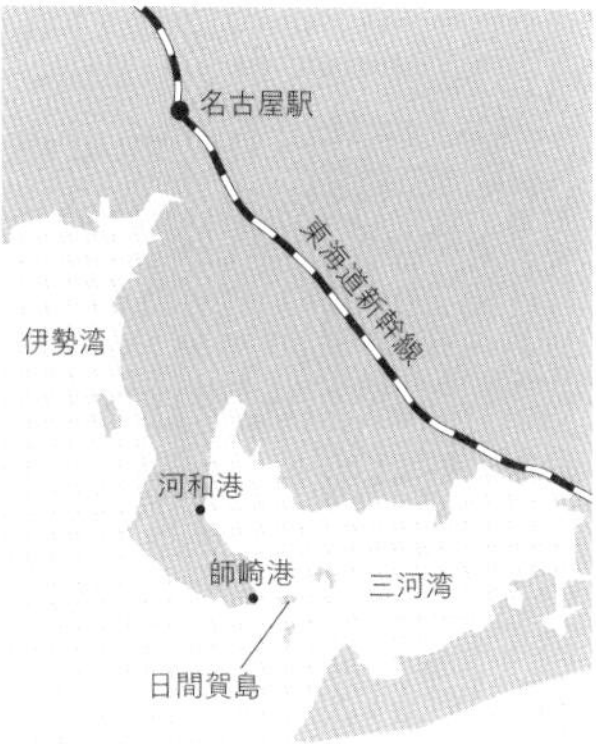

漁師民宿やまに
愛知県知多郡南知多町日間賀島新井浜62
☎0569-68-2165

鈴円本舗
日間賀島西浜28
☎0569-68-9110
時 8時～17時
休 無休

かねと商店
日間賀島北登立17
☎0569-68-9222
時 8時～16時
休 不定休

KITCHEN macha
日間賀島西浜2
☎0569-68-3113
時10時30分～20時
＊月・木曜は15時30分まで
休 火曜

旅の終わりの少し寂しさ

東海道・山陽新幹線グリーン車搭載誌「ひととき」で三年半にわたって連載しました「こだま酒場紀行」の単行本バージョン、お楽しみいただけましたでしょうか。東京から博多までの「こだま号」停車駅全三十五駅で下車し、酒場を求めて彷徨ってまいりました。

まあ、正直申し上げて、長かった。知らない土地で、うまい酒肴を探すのも、たやすいものではなかった。けれど、ひとりで歩き、ここだなと思う店に入り、飲んだり食べたり、店の主人や女将の言う土地のうまいもの話などを伺いながら過ごす時間は、格別に楽しかった。

博多駅まで到達した後、連載延長分として、博多、広島、大阪、名古屋、静岡に立ち寄り、さらに、単行本収録分として小倉、神戸、沼津、熱海に寄りました。

旅先で、右も左もわからぬ私をていねいにもてなしてくださった各店のみなさまに、改めて厚く御礼申し上げます。

初めて入る店があり、懐かしい店もありました。「こだま号」でゆっくり移動する旅は、もとより急ぎませんし、停車駅は大きな駅ばかりでない。中には田舎の小駅の風情を残すような、渋い駅もあります。

ふと思い立って改札を出る。駅前案内所で宿を探し、荷物を置いたら街へ出て、宵闇迫る路地に肴のうまそうな構えの酒場を探す。そんな贅沢も「あ、この駅で下りてみようか」という遊び心があればすぐに手に入ります。

この一冊はエッセイとして書かせていただきましたが、本編収録四十四軒の酒場案内でもあります。新幹線での旅の折にはぜひとも鞄に忍ばせて、ときおりパラパラめくっていただけますと、幸甚に存じます。

飲みに飲み
帰るばかりとなりにけり
旅の終わりの少し寂しき

最後の取材地熱海で、うまい酒肴とやさしいもてなしに、はしゃいだ夜でした。右は、駅へ向かいながら「取材完了だな」とつぶやいたときの感懐です。

平成二十九年九月好日

大竹　聡

大竹 聡（おおたけ・さとし）

１９６３年東京生まれ。早稲田大学卒業後、出版社、広告代理店、編集プロダクションなどを経てフリーライターに。２００２年仲間と共にミニコミ誌『酒とつまみ』を創刊。著書に『中央線で行く東京横断ホッピーマラソン』『酒呑まれ』（いずれもちくま文庫）、『今夜もイエーイ』『下町酒場ぶらりぶらり』（いずれも本の雑誌社）、『ぶらり昼酒・散歩酒』（光文社文庫）、『ぜんぜん酔ってません』『まだまだ酔ってません』『それでも酔ってません』小説『レモンサワー』（いずれも双葉文庫）、『五〇年酒場へ行こう』（新潮社）などがある。

新幹線各駅停車 こだま酒場紀行

2017年11月20日 第1刷発行

著 者……………大竹 聡
イラスト…………矢吹申彦
発行者……………山本雅弘
発行所……………株式会社 ウェッジ
〒101-0052
東京都千代田区神田小川町一丁目3番地1
NBF小川町ビルディング3階
TEL.03-5280-0528
FAX.03-5217-2661
http://www.wedge.co.jp/
振替00160-2-410636

装幀・組版………鷺草デザイン事務所
装幀・本文カット…出口敦史
印刷・製本所……株式会社 暁印刷

※定価はカバーに表示してあります。 ISBN978-4-86310-193-7 C0026
※乱丁本・落丁本は小社にてお取り替えいたします。